EL ESOTERICON

EL ESOTERICON

TRATADO DE ESOTERISMO

Manuel Arduino Pavón

| BIBLIOTECA DE LA TRADICIÓN HERMÉTICA |

DELFOS

EL ESOTERICÓN
Tratado de esoterismo
MANUEL ARDUINO PAVÓN

Diseño de cubiertas y maquetación:
EЯA | ALTA RESOLUCIÓN EDITORIAL

EDITORIAL DELFOS
www.editorialdelfos.com

© 2024 Manuel Arduino Pavón
© 2024 Editorial Delfos

ENTREACACIAS, S.L.
[Sociedad editora]
c/Covadonga, 8
33002 Oviedo – Asturias (España)
info@editorialdelfos.com

1ª edición: noviembre, 2024

ISBN (edición impresa): 978-84-18373-90-9
ISBN (edición digital): 978-84-18373-91-6
Depósito Legal: AS 01705-2024

Impreso en España
Impreso por Podiprint

LA DESCONOCIDA INGENIERÍA ESOTÉRICA, ESPECIALMENTE DEL KARMA HUMANO, PLANETARIO Y SOLAR

En líneas generales, todo cuanto se ha publicado –o casi todo, para ser justos y ponderados– sobre esta Viviente Ley o Principio Universal, propio de una evolución desconocida e insondable para la mente humana, es exotérico, muy genérico y para nada arroja luz sobre la ingeniería que lleva al terreno de los efectos causas ancestrales o recientes, particularmente en el nivel de la evolución pensante, planetaria o solar.

Conocer a ciencia cierta la oportunidad y todas las posibles correspondencias, precisamente, entre causas y efectos en el tiempo, no es nada sencillo, a menos que simplifiquemos nuestro argumento a fin de persuadir al interlocutor sobre un saber del cual honradamente carecemos.

El Maestro D.K. revista entre los Instructores que con claridad han prefigurado para las más altas iniciaciones del Reino Humano el poder de conocer directamente los secretos de esta Viviente Fuerza Activa, retributiva o distributiva, moduladora de los Dharmas singulares y colectivos. Allende la evolución humana, necesariamente el conocimiento del Karma Solar y más allá todavía requiere de un grado iniciático superlativo, no confinado a lo terreno; esto dicho en relación a nuestra estrecha capacidad consciente, tan apegada al mundo material y a las relaciones de alguna manera «carnales o seglares».

Solo grandes Pratyeka Buddhas –siempre mencionando nuestro «horizonte jerárquico»– pueden comprender, penetrar y administrar la urdimbre de las relaciones causativas y sus efectos, la intrincada probabilística y la base misional que juega por detrás de toda actividad consciente, humana, planetaria o solar.

La necesidad mundial se postra ante los pies de tales Dhyani Chohanes y Dhyani Buddhas a la hora de obtener la justa medida evaluativa en cada caso y circunstancia. A todas luces nuestro afán de comprensión de Karma depende enteramente del grado iniciático que podamos alcanzar y no del estudio ni de la redacción filosófico especulativa de materiales y documentos literarios como los producidos hasta el presente.

LA TENSIÓN DINÁMICA (MAGNÉTICA) ENTRE LOS LOKAS Y LOS TALAS Y SU REPERCUSIÓN EN EL HOMBRE PERSONAL Y EN LA HUMANIDAD

Los Lokas son estados de conciencia evolutivos y espirituales, de orden séptuple.

Los Talas son estados de conciencia involutivos e infernales, en el mismo volumen numérico, confrontando correlativamente con los anteriores en cada estado de la materia y de la conciencia.

En las cadenas de mundos se agrupan de a pares correspondientes y opuestos, ejerciendo unos sobre otros la fuerza dinámica de la atracción/rechazo, es decir una tensión magnética que, a menos que las unidades vivientes concentren por un extenso período, de carácter definitivo, sus actividades sobre los primeros —el proceso de gradual y creciente concienciación—, redundarán en cuadros de crisis, de confusión y de severos desarreglos respecto a las leyes naturales hasta ahora mayormente desconocidas.

De tal forma, así en el hombre personal como en la unidad colectiva mayor llamada Humanidad, estas tensiones dinámicas entre los polos cogitativos de la Manifestación de la Vida, acaban por darle forma y sostienen las experiencias confrontativas o disipativas más amplias y generalizadas, trayendo a primer plano la necesidad de que cada unidad consciente acelere los trabajos de auto-iluminación, a fin de que la naturaleza de los Lokas, evolutiva y espiritual, anule la incidencia, el empuje de su contraparte opuesta, los Talas correspondientes y recíprocos que jalonan dualmente cada orden manifiesto de cada globo y mundo en cada cadena de la expresión de la Vida sideral.

El ingente y continuado, el regular trabajo sobre y con la conciencia evolutiva, es crucial para sellar la puerta donde se guarda el Mal: específicamente los siete Talas o, como se expresó, los niveles séptuples de conciencia involutiva, psico materialista e infernal, que todas las unidades vivientes, singulares y colectivas, contienen potencial y fácticamente en su textura general: magnética, psíquica y noéticamente hablando.

Los siete portales o «centros laya» a través de los cuales accede a la conciencia individual el fenómeno del Mal, se encuentran expresados analógicamente por los siete centros de fuerza principales (chakras) en la constitución sutil de cada unidad humana y de cada sistema de mundos en nuestro universo solar y en el Cosmos integral.

LOS ORÍGENES «ANIMALES» DE ALGUNOS SKANDHAS

Particularmente en los niveles y grados de dominio del alma animal o pasional, y en estrecha relación con el cuerpo biológico y los sentidos –en un cierto sentido herencia natural del Reino Animal–, las tendencias sensoriales están ligadas a la construcción correlativa de los cuerpos de las entidades de orden inferior al humano. Ha de tenerse en cuenta que la Hueste de la Voz, los pitris lunares, apelan a los mismos materiales para construir los cuerpos de los primeros Cuatro Reinos de la Naturaleza, haciendo énfasis en relación con el nuestro en la previa experiencia constructiva con los especímenes del Reino Animal.

En el organismo de la entidad pensante existen elementos nombrados por los anatomistas como floras y faunas, al menos en el orden del sistema digestivo, y esto no es solo un apelativo imaginativo, metafórico, sino una realidad rampante, a todas luces influyente también en la mente y en la conciencia que nos caracterizan y eventualmente configuran.

Biológica, psicológica e idealmente somos el resultado de la experiencia colectiva de todos los Reinos Inferiores y Superiores al nuestro, de allí que los Skandhas psico físicos tengan grandes similitudes con variados aspectos de la sensorialidad de los otros Reino Naturales y, debe afirmarse sin ningún lugar a dudas, también con los Reinos por encima del nivel humanal.

Por fuerza ha de tomarse como referencia o modelo de investigación a las Doce Jerarquías Creadoras y al hecho de que la nuestra, la Cuarta, integre en su constitución a aquellas que están por encima, llegando particularmente a la Séptima.

Se ha enseñado insistentemente que el primer paso para nuestro rango evolutivo es lograr establecerse en el nivel de expresión y desenvolvimiento de la Quinta Jerarquía Creadora, la de las almas humanas libres y de los Egos Espirituales plenamente desenvueltos en su capacidad iniciática. Aunque parezca un comentario nada más que lateral, esta cuestión es central a la hora de deliberar sobre las tendencias del hombre personal y del hombre ideal, todas las cuales se conjugan en la unidad pensante y sirven sin lugar a dudas para la manifestación, cada vez más completa, de la mónada espiritual.

LA MANIPULACIÓN DE LAS FUERZAS INCORPORADAS EN EL HOMBRE PERSONAL

En realidad y expresado de la forma más plausible, la constitución de la humana personalidad es un haz de fuerzas y tendencias, formas de vida elemental, skandhas o karmas y un lazo contingente proporcionado por la porción de prana individual que teje la trama del tejido y regula los tiempos y las medidas de posibilidades kármicas.

Los intentos inconsultos y no sostenidos por la instrucción y supervisión de un Iniciado avezado en el control y empleo de las mismas, no puede sino terminar en severas desregulaciones del equipo personal y fundamentalmente del cerebro psico físico y de la mente material. Ocurre que todas las fuerzas y vectores confluyentes con los cuales los pitris lunares dan forma y renuevan las estructuras biológicas y sutiles de cada mujer u hombre, son esencialmente pensamientos simientes emanados por el Yo Átmico en conexión con la dispensación temporaria administrada por los Regentes de Karma y los Ángeles Solares afectados a la modulación de la Palabra o la Voz, empoderados por detrás de la hueste de devas lunares constructores y destructores de la forma. No son juguetes de esparto sino radiantes vidas presidentes de los elementos, impelidas por un designio superior de orden creador y constructivo y cualquier movimiento contra natura ejercido por una fuerte voluntad de deseo, colide con el propósito o Dharma personal y termina por arrastrar al aventurero esotérico al más graves desorden y a la más penosa mortificación.

Ningún Instructor genuino da pie a estas pruebas incultas en sus discípulos, contrariamente, solo proporciona pautas modélicas y disciplinas específicas y singulares cuando el aprendiz aceptado ha dado pruebas terminantes de una completa adhesión a los principios de vida descriptos como la pura Ética Divina: peculiar a la atmósfera inmanente del Yo Superior, uno con todas las Jerarquías de Luz.

EL CONTROL EJERCIDO POR LA VOLUNTAD TRASCENDENTE (EL YO SOLAR) SOBRE EL EQUIPO PERSONAL

Más allá de las concepciones afirmativas de la espontaneidad y naturalidad –tal cual lo experimenta el hombre personal establecido firmemente en la línea discipular– del flujo de improntas de poder o actualización del Dharma del Yo Superior momento a momento en la vida en el mundo, en todos los mundos, acceder a semejante condición responsiva y dócil, supone un previo trabajo recurrente de auto-control y consciente regulación de las actividades, deseos y pensamientos, llevado a cabo con suave y no agresiva persistencia por un tiempo generalmente prolongado y vida tras vida. Por cierto este control no necesariamente forzoso ni compulsivo, es decir enfermizamente obsesivo, de las modalidades de respuesta de la humana personalidad, es una parte significativa de las primeras conquistas camino al auto-conocimiento y a la liberación de la cadena de causaciones y tendencias ciertamente esclavizadoras, y contra las cuales, a menos que se ejerza una continua presión de la voluntad personal armonizada con el centro de propósito –la voluntad prístina del Ser Superior afirmada desde la mente corazón–, no habrán de efectivizarse, mucho menos si la relajación moral y la lasitud intelectual ganan terreno en las vida práctica y difieren la consecución de aquellas condiciones de estabilidad y prescindencia de pasiones y deseos animales compulsivos, tan característica de las unidades humanas distraídas de su destino trascendental.

La ubérrima vía expedita y sin esfuerzo consciente supone la elevación del foco de conciencia y una preliminar transmutación completa de la condición personal, camino a la consustanciación en la altura manasico buddhica, de la actividad iluminada del Ser en lo Real. No se debería desdeñar la necesidad de aplicar disciplinamiento y regulación en los niveles inferiores de nuestra constitución a lo largo de una serie prolongada de renacimientos, siempre y cuando tales acciones se vean estimuladas o inspiradas desde la altura ideal, por medio de las impresiones subjetivas de orden, proporcionalidad, belleza o armonía, que el aspirante y más aún el discípulo consagrado perciben y registran plenamente en su equipo aéreo pro-consciente, sustantivamente en los niveles intuitivo y causal.

LOS RESIDUOS PRÁNICOS Y LA REABSORCIÓN CONTINUA DE «LAS SOMBRAS DE LOS ÁTOMOS DE LA VIDA»

Toda forma de vida en cualquiera de los niveles rupa y arupa de la Manifestación, se ve impelida desde su inherente eje constitutivo – fundamentalmente conectado con «da raíz en el corazón»–, con la impregnación de Jiva Prana, de la energía dinámica y espiritual que da lugar a la experiencia de Vida. En cada grado del Ser las «cápsulas» o «películas» que encierran el átomo pránico «especializado grado a grado» y su poder evolutivo, se encuentran asociadas con los distintos niveles energético sutiles y materializados –fundamentalmente en el ser humano– desde el Huevo Áurico espiritual, el cuerpo causal y las distintas auras que encierran y protegen las formas personales.

La consumición de prana, particularmente por medio del Pneuma Natural o el ciclo ventilatorio del que participan todas las formas de vida, expele, expulsa la capa o película áurica que recubre los átomos pránicos suficientemente combusta y en consecuencia carente del incipiente grado de conciencia y poder que aquellos tienen implícito, y permite la absorción e integración vital completa de la fuerza dinámica solar. Tales capas combustas y parcialmente disueltas, sin embargo y en buena medida sirven de chayyas o vehículos de expresión de las nuevas oleadas de esenciales átomos pránicos permanentemente fluyentes, por cierto, en menor medida que las Auras Universales y planetarias, humanas y no humanas, pero no por ellos en magnitudes despreciables.

De tal suerte que en la magna economía de la Naturaleza nada se pierde sino se recicla y reconfigura para alistarse para la nueva acción emergente (Karma Prana) todo a lo largo del Movimiento Perpetuo y Rítmico a lo largo de la más vasta y recurrente Duración.

En todo el proceso así descripto juegan un rol sustancial las vidas dévicas, angélicas, las cuales, apoyadas en su naturaleza áurica arupica, transmutan poderosamente todas las estructuras mórficas y vitales de la misma índole, las ajustan, las renuevan y las sostienen, incluyendo aquellas sutiles y energéticas chispas y vidas solares aquí brevemente examinadas: los citados átomos pránicos radiantes, emanando permanentemente del aura del corazón solar.

LOS SUCESIVOS ESFUERZOS JERÁRQUICOS Y EL APARENTE AGOSTAMIENTO DE LA ENSEÑANZA IMPARTIDA

Con relativa frecuencia se pone sobre la mesa el hecho de que la enseñanza ofrecida al mundo a partir de las últimas décadas del siglo XIX habrá de perdurar y será redimida, regenerada y comprendida/practicada una vez impuesta sobre la faz de la Tierra la Sexta Raza Raíz. Desafortunadamente y a pesar de la evidente precepción por parte de la Logia Blanca de la necesidad de ofrecer episódicos empujes de la Instrucción Materna, a través de la mente y la pluma de diversos nuevos agentes jerárquicos en todos los continentes, la decadente modalidad muy generalizada de abordar estos estudios solo intelectualmente y de relegarlos al futuro, justamente con la justificación de que han sido diseñados para una era de grandes cambios cuantitativos y cualitativos en el orden evolucionario general y especialmente humano, era que no se avizora en el horizonte inmediato por parte de la mayoría, ha servido para adormecer, narcotizar las conciencias de los aspirantes y dejar en suspenso y en manos del todopoderoso factor tiempo el emprender las transformaciones, ajustes y la puesta en práctica de tales manuales más o menos esclarecidos y esclarecedores sobre las disciplinas y trabajos a aplicar sobre la entera naturaleza personal e individual.

Con la idea dominante de que el examen intelectual y teórico sirve a la larga para afirmar al aprendiz en el cauce maestro de la línea de precesión discipular, es decir, lo ayuda a predisponerse a lo largo de una serie de renacimientos para apurar los cambios necesarios en su equipo personal y en el grado de acercamiento y empoderamiento espiritual requeridos, y por consiguiente para servir a la causa de la Humanidad sostenido por la mano maestra de los Iniciados en la Ciencia Sagrada, preferimos engolfarnos en los quehaceres del mundo y retirarnos de la línea de fuego grupal, actual y mundial, ya que no nos apercibimos de que nuestra labor pueda servir de alguna forma para mitigar el dolor y anular la ceguera y el egoísmo espiritual prevalecientes.

Si dependemos exclusivamente del material producido por otras plumas y otras elucidaciones más o menos reflexivas, eventualmente meditativas o inspiradas de lo alto, pues terminaremos por atrofiarnos irresponsablemente y postergar aún más la surgencia de nuevos Mentores Consagrados al Propósito Superior actuando expansivamente entre los seres humanos comunes y corrientes y trayendo la ansiada reformulación de las eternas leyes morales y una nueva luz sobre la necesaria Ciencia del Alma, tal cual todos los estudiantes avezados conocen y proclaman conocer desde al menos la segunda mitad del siglo XIX.

LAS DOCE NOTAS ZODIACALES Y LA MÚSICA HUMANAL

La gran sinfonía universal se compone de acordes y octavos propios de las vibraciones armónicas de la discernible escala sonora, solo que a nivel de las grandes constelaciones y Logoi Planetarios incorporados a la rueda del zodíaco, tales vibratos de fuerza, conciencia y poder, son a la par fuente de matices, tonalidades y coloraciones radiales actuando sincronizadamente con aquellos y participando del gran Movimiento Perenne (la Vida Una) a la hora de impresionar sobre la conciencia atómica de las entidades vivas de todos los Reinos, y en particular, para todo estudio astrológico organizado, en el orden del Principio Átmico por detrás de cada ser humano y de sus concomitantes reflejos o radiaciones, ecos y reflejos, a lo largo de la interna constitución así individual como personal.

Tal cual se manifestara, considerada la rueda zodiacal como la propia armonía de las esferas y como una composición viviente hecha de frecuencias de onda múltiples afluyendo sobre la mente, el corazón y la estructura somática individual y colectiva de la familia humana, se hace estrictamente necesario conceptualizar a las unidades pensantes como armónicos del Canto de la Vida (AUM) y como Principios Noéticos expresándose en la esfera de la acción por medio de la belleza o la estridencia, la simple y pura armonía o la fricción y el conflicto singular y grupal; como música eufónica, dodecafónica o cada vez más experimental.

Cada red de influencias, las estrellas fijas y los planetas convergentes sobre la destinación terrestre, cada uno de los doce acordes o notas zodiacales, son potencias en movimiento y afectan decisivamente sobre la destinación humana y no humana debido al hecho coincidente de que todas las piezas del rompecabezas universal, unas y otras: las doce Jerarquías astrológicas y las Jerarquías pre-humanas, humana y súper-humanas, son sonorizaciones super-abundantes y en suprema comunión con el Gran Canto de la Vida Espacial (Oeahou).

LA CIRCUNCISIÓN Y LA ABLACIÓN PSÍQUICA, MORAL Y MENTAL

La distorsiva visión falicista dominante en las creencias y dogmas religiosos, particularmente monoteístas, han terminado por materializar, mundanizar una noción más elevada cuyo alcance aspira a purificar así el campo emocional y psíquico como el mental, de pasiones desbordantes y de sensualidad exacerbada, apelando a la focalización de la existencia consciente en las esferas donde la actividad es ampliamente colectiva y altruista y se experimenta por sobre todo la impregnación de la Unidad Fundacional.

De alguna forma la instrucción preliminar de cualquier vía de desenvolvimiento superior ha de atravesar inicialmente la posible y necesaria redención o desmantelamiento de la conciencia espiritual atómica (serie de espirillas) de las sucesivas películas astrales y etéricas impregnadas de auto-interés instintivo y de una equivoca consideración de la sexualidad, la sensorialidad y los regustos mundanos.

Por sobre todo la sexualidad es un Poder Trascendente de orden trans-material que recorre campo a campo la entera manifestación de la Vida y habrá de ser conocida ocultamente y aplicada de la forma idónea –propia de cada esfera donde se encuentra expresada–, una vez que el Iniciado alcance a establecerse con amplia libertad operativa lejos de los grilletes mayávicos de la condición carnal y astral.

La sexualidad sagrada no es exactamente aquella que pretende practicar el tantrika, sino una avenida interior que conduce a la fusión en conciencia del alma humana con el ángel solar y de esta unicidad con la mónada divina: el matrimonio o boda espiritual tantas veces aludido en los tratados alquímicos y místicos del pasado. La unión gozosa con el Espíritu Más Elevado de la Vida, desde nuestro corazón sutil y trascendental, ha de entenderse como la consumación de la purificación y embellecimiento pleno del alma humana; su final unificación en el Alma de Todas las Cosas se ha de considerar como aquella fase de la escalonada experiencia de la sexualidad sagrada más alta y especializada.

De todo lo expuesto surge quizás alguna luz sobre la errática adopción de métodos de higiene y depuración biológicos, completamente inconexos de la prístina cristalinidad ética y espiritual requeridas para experimentar, grado por grado, nivel a nivel de nuestra constitución, la experiencia del sexo sagrado, o, dicho de otra forma, el más sublime Amor Universal e incondicional.

LAS LLUVIAS ELÉCTRICAS

Desde el punto de vista oculto los meteoros son de varios tipos, líquidos, aéreos, calóricos/eléctricos (ígneos) y naturalmente pranicos. Las lluvias electromagnéticas están a la orden del día en nuestros tiempos, ante el empuje fricativo de las fuerzas emergentes partícipes mórficas de los fenómenos asociados con la Luz Astral y en consecuencia con la vida subconsciente de la Humanidad y de su Morador en el Umbral Planetario.

Sin estas descargas periódicas, por cierto conectadas con la ciclicidad de las influencias planetarias y zodiacales, con el ritmo vital electromagnético del núcleo solar y con las condignas pulsaciones del séquito planetario al cual pertenecemos —solo por mencionar algunas de las influencias interactuantes—, la energía residual y destructiva se concentraría peligrosamente, detonando luego en crisis térmicas y volcánicas, propias de los fuegos naturales, que si bien tienen lugar episódica y focalmente, al ritmo de la disciplina kármica planetaria corrientemente se derraman sobre el globo material y psíquico, aliviando a sus moradores de las consecuencias más destructivas propias de los eventos cataclísmicos colectivos nucleares como los antes señalados.

El propio psiquismo individual y colectivo, cuando se encuentra desequilibrado, como en la actualidad, es un magneto o vector atractivo tenaz favorable para estas precipitaciones electromagnéticas, del mismo modo que el resto de las manifestaciones meteo-rológicas y telúricas inicialmente mencionadas: algo que ya nos fuera enseñado en el más remoto pasado y sobre lo cual jamás to-mamos nota ni adoptamos medidas vitales, morales y relacionales condignas.

LAS «VARIANTES TÉRMICAS» OBJETIVAS Y SUBJETIVAS Y LA INTENSIDAD DEL FLUJO DE PRANA

En las altas montañas y en las costas lacustres, fluviales y marítimas, la relación entre la calidad térmica de la atmósfera y la potencialidad incidente de prana se manifiesta de forma directa. La baja y el alta de temperatura en los ambientes naturales suelen potenciar la calidad de la fluencia de los glóbulos de vitalidad psico físicos, siempre y cuando la exposición de los vehículos de la personalidad a las temperaturas extremas no se exagere.

Análogamente y en el curso de las prácticas contemplativas en las cuales el ardor o fuego de la conciencia se ubican en primer plano —desde los centros cardíaco y coronario— los alientos pránicos subjetivos también se ven potenciados, trayendo luz vital y cognitiva intensificadas, eventualmente favoreciendo el brillo y la claridad, la transparencia mental, principio con el cual Jiva Prana se encuentra sólidamente unido.

En el curso de las prácticas contemplativas muy prolongadas se puede evidenciar cómo el flujo del prana psico físico se retira y se potencia compensatoriamente la presencia del prana mental, favoreciendo las vivencias de expansión e iluminación de la mente y la conciencia, tan características de los individuos más diestros en las prácticas de abstracción de los sentidos y de absorción en la corriente de luz y saber trascendentales.

LA SUSPENSIÓN O RETENCIÓN DEL ALIENTO SENSORIO Y LA AFLUENCIA DEL FUEGO PRÁNICO O MANÁSICO A LA CONCIENCIA

En el curso de las prácticas ventilatorias conexas con la disciplina meditativa, el experimentador, tras una cadena o secuencia de cierta prolongación, de inhalaciones y exhalaciones naturales al ritmo modélico de la Vida, llega a percibir, a sentir con una cada vez mayor nitidez, la impresión poderosa que desciende del principio mental, en los intervalos o instantes de retención del aliento.

A lo largo de la ejercitación, estos pasajes retentivos en medio de la inhalación y exhalación del prana psico físico, atraen desde el nivel superior, desde el campo causal, las radiaciones del centro múltiple conocido como Loto Egoico, bajo la forma de pulsiones continuas –cada vez más frecuentes– de una nueva calidad de la vitalidad: la vitalidad mental o propia del fuego manásico pránico. Tales interludios iluminativos, alimentados por empujes de fuerza para espiritual, en las prácticas llevadas a la excelencia se revelan como poderosas vías de encaje con la atmósfera propia de la vida del alma: de allí las improntas de gozo impersonal y de poder sapiencial que acompañan estas experiencias.

Una vez cerrado el circuito ventilatorio meditativo, desde la mente causal una nueva luz impregna todas las materias y los materiales de la existencia corriente del practicante; el fuego manásico pránico con el tiempo evoca, despierta, kundalini, y en los hechos preludia su ascensión, grado por grado como triple aliento canalizado a través del Ida Nadi, el Pingala Nadi y por sobre todo el Sushumna Nadi, en la consustanciación o comunión interior del fuego eléctrico espiritual y el fuego manásico pránico.

LOS SKANDHAS ESPIRITUALES Y LOS GÉRMENES DE VIDA CÓSMICOS

Conexo con la literatura esotérica sobre las vibraciones originadoras de tendencias en los cinco niveles del hombre personal ha de tenerse en cuenta para completar el conocimiento sobre nuestra conformación espiritual y divina, la existencia y la naturaleza de los dos gérmenes de vida más elevados, el Buddhi Manásico y el Adi Átmico, artículos propios de la Sabiduría Oculta. Ambas tendencias super sutiles tienen que ver con el Dharma Superior de la monada y se expresan únicamente en la vida y conciencia de los Altos Iniciados, aunque no bien Estos armonizan sus irradiaciones con los discípulos en el Ashram, tales gérmenes sirven de influyentes corrientes Dhyan Chohanicas (fohaticas) afectando positivamente el campo integrado de las conciencias de tal hueste de candidatos y por extensión de todos los aspirantes mundiales vibrando en armonía con los mismos.

Paralelamente tales Skandhas superiores, en el campo cósmico podrían constituir el soporte quintaesencial de otras tres modalidades de gérmenes de vida emanando desde las Más Elevadas Jerarquías Espaciales, de alguna forma vinculadas con realidades arupa o de virtual manifestación eidética en el plenum espacial, absolutamente desconocidas para la astronomía, pero no por ello ignoradas por los antiguos, en especial por los Grandes Magos Caldeos y Orientales en general, que procedían en relación con las fuerzas de las Estrellas Rajas y sus contrapartes super sutiles al tiempo de potenciar sus manipulaciones más virtuosas de la Electricidad o del Fuego Cósmico.

LA PLENA CONCIENCIA RUPA Y EL DEVA CHAN

Solo en los psíquicos superiores o entre los más diestros prácticos en las técnicas del Yoga integral, es posible identificar en el mundo material, «agentes de las Conciencia» que cuenten con una percepción explayada, extendida, del mundo objetivo. Debido a la persistente ofuscación emocional y mental en la que vivimos la inmensa mayoría de las unidades humanas, el filtro perceptor que nos pone a distancia de una visión comprensiva y penetrante de las cosas y del resto de las criaturas, es tan grande y permanente, que durante la existencia material, Maya alcanza un nivel tal de pauperización de la experiencia perceptiva y consciente, que no contamos con la oportunidad (siempre y en última instancia «auto-generada») de penetrar este verdadero anillo no se pasa instrumentado por las sensaciones y los órganos de los sentidos psicofísicos y mentales.

Si bien el Maya más completo, «sublimado» y perfecto, según nos fuera enseñado, se da a la visión del Ego Humano una vez franqueados «dos muros del Deva Chan», condignamente la capacidad perceptiva o la conciencia rupa se ve también amplificada y explayada hasta sus máximas posibilidades en semejante condición de vida.

Esta es apenas una de las razones por las cuales la vivencia en semejante nivel o estado de la mente y de la conciencia de alguna forma resulta «plenipotente» y el grado de percepción extremadamente sublimada, alcanzando un punto de «impresión existencial de alta saturación o condensación psíquica», que se materializa entonces a grados inconcebibles para el hombre personal en circunstancias en que deviene como morador y esclavo del valle de las sombras movientes y de los muertos en vida: nuestro globo material físico.

LA HIPÓTESIS DEL «ROSTRO ORIGINAL» Y SUS RESONANCIAS CONCEPTUALES E INICIÁTICAS

En el curso de las prácticas ceremoniales teúrgicas, el candidato se enfrentaba cara a cara con la faz resplandeciente del Narciso Beatífico –realidad una y trina–, con la faz del hombre de luz interior, del augoeides o «extensión etérica» de la impronta del íntimo ángel solar, del ángel de la Presencia; no otra cosa que el propio rostro perfecto, eternamente joven y luminoso «elevado a la tercera potencia Egoica» en la penetrante altura de la visión.

En algunas tradiciones contemplativas orientales se razona que la visión extática o el «reencuentro final» con nuestro Rostro Original significa la patente comunión con el Dios Interior, directamente por fusión de conciencia o dilatadamente en el curso posterior de la existencia.

El rostro del «Bienamado» entre los sufíes, la Cabeza Santa Pinacular (Kether) en la Kabbalah o la Faz Divina visualizada en el curso de la silente y apacible contemplación interior, establecida en los más altos éteres, en Akaza mental (causal), parecen tener que ver con esta vivencia estremecedora, reveladora y directa o indirectamente iniciática. Muchos místicos de confesiones monistas la confunden directamente con la contemplación del mismo Logos, regente de nuestro sistema, al que designan como Dios Padre directamente. Si bien gracias a la súper abundancia vital y luminífera de los planos ideales y arquetípicos esta concepción guarda cierta correspondencia con la realidad superior; los más elevados trances extáticos raportan a la experiencia de la conciencia cósmica, a la plena y compacta verificación de que el experimentador –el meditante– es el universo in toto conscientemente, la totalidad de la vida, pero no tiene lugar semejante apreciación visual mental de un Rostro de Luz; por otra parte debido a que en tales instancias iniciáticas o de auto-revelación, la naturaleza más elevada es completamente arupa y salvo los esplendores y radiaciones noéticas subjetivas confluyentes, la Luz no se encuentra delimitada por una forma humana conocida.

Recobrar la conexión con el Rostro Original puede entenderse como equivalente a unificarse en conciencia individual y universalmente y adquirir la mente unitiva o mente corazón, boddhi-citta, raíz de la experiencia de expansión de conciencia y saber más importante que la mayoría de los aspirantes avanzados pueden vivenciar, tras las preliminares instancias preparatorias donde el terreno interior se encuentra tachonado por los efectos de la práctica amorosa de la más pura Ética Divina.

RELACIÓN ENTRE LOS ELEMENTARIOS Y SU DIFUSA RUMIACIÓN CEREBRAL (DE LOS RESTOS DEL CEREBRO PSÍQUICO) Y LAS RUINAS «CONSCIENTES» DE LAS CIUDADES Y LOCACIONES HUMANAS SOTERRADAS

Análogamente a como los elementarios o cascarones astrales conservan la huella del trabajo de cerebraciones filo conscientes a lo largo de la previa existencia material y de como tales rieles o surcos astrales singularizan de alguna forma a cada uno de ellos y los inclinan a manifestar peculiares registros de información diluida, particularmente cuando son invocados en las sesiones espíritas, las ruinas de las ciudades del pasado, generalmente soterradas, hundidas en el micro inframundo terrestre, preservan sus emanaciones de mentalidad colectiva: las idiosincrasias culturales, las líneas salientes de la expresión de la existencia civilizatoria que impregnó en tales locaciones la vida común en el pasado, incluso en el más remoto, establecidas, como se manifestó, en un nivel análogo al del inframundo astral —en este caso en el inframundo físico—, conservando aspectos señeros indicativos de la masividad pasional y social que ellas «cobijaran» y sobre cuyas expresiones estas podrían ser evocadas y recobradas, al menos hasta cierto punto, por un psicómetra experimentado.

Este psicómetra operaría, aunque no de forma idéntica naturalmente, como un médium o mediador entre las impresiones colectivas urbanas alojadas en la luz astral y los modernos moradores de la superficie; de allí que en cierto sentido, al menos paradójico, entre las ruinas del pasado arquitectónico y residencial y las «ruinas o residuos» del kama rupa personal de cada unidad humana corriente, pueda trazarse una línea de conexión, con algunos puntos de coincidencia, no fundamentales ni idénticos por cierto, pero sí ponderativamente apreciables.

LA CONCIENCIA HIMALÁYICA, LA CONCIENCIA ANDINA

Los más altos promontorios topográficos se encuentran directamente irradiados por poderosas fuerzas de la naturaleza aérea y espiritual que impregnan al planeta en todas partes y especialmente en los niveles en que su influencia puede ser reconocida y canalizada, hasta cierto punto manipulada, en beneficio de la colectividad de los Reinos y de la vida.

Desde hace algunas décadas diferentes grupos más o menos esotéricos proponen que «el Kundalini planetario» y sus radículas que se extienden y cubren todo el globo físico, se han extendido y potenciado en la Cordillera de los Andes, preludiando el resurgimiento de viejas culturas civilizatorias y espirituales, contando con una condición todavía menos condicionada que los Himalayas, dada la triste y notoria realidad del control y dominación –relativa, por cierto– de las autoridades chinas.

Como sea, siempre se mencionó que la Logia Americana enlazaba las antiguas bases magnéticas mexicas con las sudamericanas y andinas, siempre a lo largo de estribaciones y macizos montañosos que en ambas jurisdicciones presiden y presidieron los antiguos cultos místéricos meso y sudamericanos.

La migración de colegios lamaicos de diversos linajes a la América del Sur al cado de los últimos decenios parece determinar que las expulsadas cabezas de escuelas contemplativas lamaicas han percibido una relativa buena predisposición en nuestros parajes. El hecho de que la anunciada y consumada oscilación del polo magnético prácticamente fuera conectada al traslado de la Fuerza Ígnea Eléctrica terrestre recorriendo el eje planetario y estableciendo un reformulado cabezal de actividad en las Américas, parece verse confirmado por el efervescente interés demostrado por los estudiantes y pensadores de la Ciencia Sagrada radicados en estas latitudes; por el surgimiento dinámico de grupos y escuelas de orden metafísico y más o menos esotérico o simbólico que, paradojalmente, han ganado terreno en algunos recintos españoles y europeos.

El poder del pasado, cíclicamente recobrado para nuestros grupos humanos, las antiguas culturas de las naciones originarias polarizadas en la práctica de la vida superior, tarde o temprano habrá o habría de producir semejante enlace y concatenación con los centros matrices de la Fuerza Única empoderada desde milenios atrás en el continente americano a la par que en el Lejano Oriente.

Estos comentarios asoman como ciertamente menores y no deberían ser tomados como definición absoluta de una transferencia de la conciencia espiritual mayor colectiva a nuestros parajes, pero ciertamente quienes residimos en estas latitudes podemos dar cuenta de la creciente manifestación del poder de la conciencia integral en un número cada vez mayor de aspirantes y estudiantes aventajados de cualquiera de las escuelas y denominaciones particulares que brotan en medio de la tormenta.

LA DESTRUCTIVIDAD MORAL Y MENTAL Y EL CAMPO RESIDENCIAL Y CIVILIZATORIO COLECTIVO

La inquietud, la irritación, la destemplanza emocional, la ofuscación moral y mental, arruinan y derriban las residencias personales y familiares y a largo plazo las ciudades y grupos urbanos, dando lugar, globalmente hablando, a la caída de marcos civilizatorios mayores, en conjunción con las tendencias colectivas masivas, todas ellas de igual forma alimentadas por las corrientes subconscientes de dolor y miedo, angustia y depresividad, tan características de la familia humana en este último largo millón de años.

Nada cuanto nos rodea o nos sirve de refugio o hábitat temporario o permanente, nada de lo culto, de lo arquitectónico, de las construcciones ingeniadas por el talento y resueltas por el esfuerzo humano, permanece inalterable e indemne sin ser afectado por la corrosiva vida psíquica y moral de las unidades pensantes, morando colectivamente e irradiando frecuencias de onda muy pesadas y tóxicas la mayor parte del tiempo.

Es tan grande la incidencia del factor humano, de la índole usualmente «sucia» de la vida psicológica grupal, que cuanto existe sobre la faz de la tierra se ve afectado, corroído, arruinado y finalmente desbaratado por la acción perniciosa de esas formas pensamiento de alta materialidad y agresividad.

Cuando convivimos en un edificio de departamentos y desarrollamos relaciones interpersonales entre los vecinos cargadas de mala voluntad, inquinas particulares, insultos y maledicencia, el efecto destructor rápidamente se deja ver en cada parte o sección de las construcciones, todas ellas vinculadas con los órganos de los cuerpos físico, astral y mental correlativos. De forma que al existir condiciones insanas carnales, acuíferas, aéreas e ígneas en los vecinos, el edificio se verá atacado y socavado y acusará los efectos de esta situación tensa y cada vez más predadora.

Estas anotaciones se dan aquí a luz con el propósito de favorecer la observación de cómo skandhas colectivos interpelan a la ley karmica y la estimulan –figuradamente hablando, claro está– a actuar de una forma correctiva, punitiva. De otro modo, de no existir precisas correspondencias entre ambos manojos de fuerzas y principios generales, no resultaría práctico el ensayar explicaciones teóricas o excesivamente idealistas, ignorantes del hecho de que todo cuanto ocurre en la Vida tiene algún grado de materialidad y que nuestros sentimientos, pasiones y pensamientos también.

EL MIEDO ATRAE EL OBJETO TAN TEMIDO (LA MAGNETIZACIÓN —HASTA CIERTO PUNTO— INVOLUNTARIA)

La saludable esperanza no rumiante atrae la oportunidad de superación y de progreso.

La fe virtuosa y luminosa nos pone en la atmósfera de los tesoros que la Vida tiene reservados kármicamente para nosotros y anticipa los tiempos de consumación.

La alegría, el contento sin objeto, emanado de la radiante vida del alma, proporciona una base más firme para disfrutar de buena salud, y en la medida que la alegría se evoca conscientemente y el practicante se conecta con el centro espiritual, la sabiduría superior se aproxima a la órbita del pensamiento altruista subjetivo, proporcionando nueva luz y evidencias abundantes sobre todas las cosas vivientes (rupa y arupa).

La paciencia asumida con dignidad y austeramente allega fuerza de voluntad renovada y potencia las herramientas cognitivas, predisponiendo al practicante para la acogida de las nuevas y virtuosas oportunidades de expansión consciente y eventualmente de apareamiento dhármico con el aura de cada nueva y fructífera oportunidad.

La diligencia pone al hombre en sintonía, en la frecuencia del ritmo palpitante de la Vida Solar y Universal; el cumplimiento desapasionado y no furtivo del deber, tras la comprensión de la hechura y profundidad intuitiva del mismo, ofrece un campo propicio para la renovación de los votos interiores y el afloramiento de recursos luminosos (buddhi manásicos) renovados.

El miedo tan temido —efecto de una supina ignorancia de la condición inmanente liberadora, creativa, «zapadora o precursora»— deviene en el objeto rechazado, anticipa y precipita la premonición negativa y pone en evidencia el poder del pensamiento deseo tanto como las acciones, sentimientos y voliciones mentales más nobles e impersonales, puesto que en la naturaleza de la concentración de propósito, de la atención y del interés dirigidos, está el actuar como poderoso magneto kármico y el animar hasta el más ínfimo detalle toda la existencia, individual y universalmente considerada.

El miedo a que se repitan en el futuro circunstancias de limitación o dolor, aun cuando transcurran muchos años, en la medida que la intensidad del mismo y su rumiación hayan perdurado y afectado emocionalmente de forma intensa al hombre personal, puede dar lugar al surgimiento de un cuadro de reciclamiento o replicación, más o menos afín al evento original, de las circunstancias dolorosas que nos marcaran a fuego y sobre las que debimos deliberar angustiantemente al cabo de un período prolongado de tiempo.

Madame Blavatsky enseña respecto a los «centros de fuerza elemental», que están conformados mayoritariamente por pensamientos deseo subconscientes, es decir por rumiaciones involuntarias tenaces y por la perdurabilidad de las huellas o catexias psíquicas – skandhas psíquicos–, de tal forma que los miedos elaborados durante un tiempo prolongado nos acompañan prácticamente durante toda la encarnación, engarzados a nuestra nube áurica personal y elemental, al menos como simientes latentes de futuras repeticiones o resurgimientos de las causas generales de la aflicción y del dolor.

LA ELECTRICIDAD CÓSMICA Y LA SAPTAPARNA COMO PARADIGMAS FUNDANTES DE LA VIDA

Fohat y todas las variedades emanadas de electricidad, en todos los grados de expresión de la radiación colectiva, desde el nivel divino al puramente físico, conforman redes de «actividad arborescente», tal cual ha sido planteado por la anatomía –oculta y empírica–, por ejemplo, en los sistemas nervioso y circulatorio e inherentemente en el resto de los sistemas biológicos. Sin embargo, estos rasgos morfológicos del flujo de las diversas energías electromagnéticas en el nivel fisiológico, pueden ser también reconocidas etéricamente en la red de nadis y centros de fuerza y en las estrías magnéticas y coloras que dan forma a las respectivas auras psíquica y mental.

Por su naturaleza este hecho evoca de inmediato la enseñanza primigenia sobre la Saptaparna o «Planta Divina de Siete Ramas», a la cual se la puede interpretar –las posibilidades son múltiples– como el Árbol de la Vida Cósmico, el conjunto de Siete Lokas espirituales presentes en un Hombre Solar (logos), en un Hombre Planetario (Logoi) y en cualquier unidad humana completa.

Los estados de conciencia y materialidad, la séptuple irradiación de la electricidad cósmica originadora (Fohat), le dan su carácter múltiple a la manifestación de Jiva, en tanto la Vida Una y Total que preside y unifica absolutamente todos los campos integrados —las Ramas de la Planta Fundacional— de manifestación creativa del Proyecto Evolutivo Universal.

LA OSCILACIÓN DE LA ENERGÍA DEL DESEO Y EL SIEMPRE POSTERGADO «PRIMER TRABAJO» SOBRE EL CAMPO MORAL

La compulsiva manifestación de la vida de deseos, caprichos y pasiones, discurre en un marco «acuífero» (astral) muy susceptible de sufrir agitación, motorizado por el campo «aéreo terrenal» (mente inferior), de forma que las aguas turbulentas en que se mueve, sometida por las pasiones y voliciones personales, ondean fatídicamente para la vida del alma involucrada, torciendo la ruta y eventualmente la destinación singular (Dharma), atrapando y seduciendo al hombre personal, desviándolo del programa nativo delineado para el Ego Espiritual en los prolegómenos de la gestación psico física en cada nuevo giro de la rueda de los nacimientos (y de muertes).

Ya desde la perspectiva de la visualización áurica y de los centros de fuerza personales como de la movimentación fluídica egoísta que presiona siempre por detrás de cada evento psíquico y emocional, y que se percibe particularmente en el campo de las relaciones y de las acciones que emprende el «individuo persona», la turbulenta vida de deseos difiere —a veces indefinidamente—, los primeros despertares del alma humana respecto a su inherente naturaleza y con ello el ingreso al empedrado camino del progreso moral y espiritual: el sendero de una más amplia y empoderada concienciación.

Todo movimiento ríspido en la superficie consciente y subconsciente del campo psico emocional y mental, afecta también el continuo energético y pránico que preside todas las relaciones, la red unitiva que liga a cada hombre personal con su congénere, produciendo —a los ojos clarividentes— un mundo perturbado y batido por olas feraces de una muy oscura y transida impregnación material.

La necesidad del auto-cultivo, de la moderación y de la vida meditada, traerán con el correr del tiempo una nueva cultura, una nueva civilización, en la cual, quizás, las relaciones humanas se perfeccionen y armonicen a imagen y semejanza de las ejemplares evoluciones de la Belleza y del Poder arquetípicos, manifestados en la esplenda naturaleza radiante de cada nivel elevado de la manifestación mundial.

LAS CHISPAS Y DEVAS DE FUEGO ILUMINANDO LOS «LIBROS DE PODER» CATALOGADOS POR LA LOGIA BLANCA

La llamada «lectura entre líneas» de los textos sagrados mistéricos ha sido cultivada por milenios en las bibliotecas subterráneas y ocultas sembradas en ciertas áreas del planeta, tal cual lo describe Madame Blavatsky en su obra «Isis sin Velo», y en este trabajo minimalista de prospección e indagación profunda se obtiene una parte del material de carácter particularmente iniciático que es conservado entre los anales de la Logia Blanca en Shamballa, al cual solo tienen acceso los discípulos avanzados selectos y los propios Iniciados.

La Tradición Esotérica refuerza el poder escrutador de las mentes de estos «detectives espirituales» con el hecho definido de que entre los caracteres y los pensamientos simientes de los escritos, pululan fuerzas de índole angélico, entre las cuales se distinguen variedades de «chispas constructivas» y de devas luminosos (de Fuego), los cuales operan como custodios y cancerberos, como guarda-templos de tales escrituras mistéricas. Desde luego aquellos bibliotecarios concentrados en semejante trabajo mantienen una fluida comunicación con tales entidades luminíferas, de modo que les resulta asaz sencillo seguir el hilo de fuego de las enseñanzas conforme discurren en los papiros, discos, rollos y demás soportes físicos de tales obras de sabiduría.

La conexión consciente con estas fuerzas dévicas comunica, tarde o temprano, a los bibliotecarios ocultos con los diversos Deva Lokas (locaciones y estados de conciencia angélicos), donde la Sabiduría de las Edades se explaya hacia las fuentes de gloria de la llamada Sabiduría Dévica Superior: el verdadero conocimiento iniciático o ígneo, propiedad de los espíritus planetarios o Dhyani Chohanes, las únicas existencias capaces de manipular tales conocimientos de poder de forma absolutamente prístina, pura y cristalina.

LAS PRÁCTICAS Y MEDITACIONES RECOMENDADAS INDIVIDUALMENTE POR ALGUNOS ADEPTOS A DISCÍPULOS EN PROBACIÓN EN EL PASADO Y SU MUY RELATIVA APLICABILIDAD UNIVERSAL

Debido al hecho incontrovertible de que algunos Adeptos, haciendo el seguimiento y monitoreo de los respectivos procesos de sus chelas, encontraron necesario el instruirlos y recomendarles determinadas prácticas y meditaciones individuales, es del todo obligatorio el sugerir que tales rutinas y ejercicios más o menos contemplativos, no forzosamente tienen valor universal ni deberían ser practicados por todos los estudiantes y aspirantes de forma indiscriminada y temeraria, aun cuando por muchos años los grupos esotéricos de referencia insinuaran sobre la practicabilidad aséptica de los mismos, recomendando que se los aplicara a raja tabla sobre las naturalezas individuales y personales, sin tomar en cuenta lo antes expresado.

Hoy como ayer «visualizar en el interior del aspirante un Hombre Vivo que evoque al Maestro de Sabiduría dilecto hasta perder la impresión de corporeidad», no parece una técnica plausible más que para una minoría de aprendices, de alguna forma conectada con la singularidad del destinatario original de la enseñanza práctica. Aunque la sed de comunicación con la Jerarquía sea muy grande y verdaderamente aspiracional, las características psico físicas, la salud en todos los niveles y los karmas y tendencias ancestrales, seguramente se constituyan en vallas insalvables para la mayoría de los aventurados practicantes contemporáneos. Conocer estas técnicas y examinarlas en profundidad es algo seguramente del todo inofensivo y hasta precursor o preparatorio de instancias existenciales futuras, avanzando en la serie de renacimientos. Ahora bien, sin que un Instructor avezado e Iniciado en las Ciencias Ocultas nos instruya individualmente sobre «nuestro método peculiar», las meditaciones generales de todas las tradiciones espirituales parecen menos riesgosas y más seguras.

Intentar acelerar el proceso de concienciación en solitario apelando a caminos practicistas sugeridos individualmente a otras almas en el pasado, puede representar un peligro y no terminar en efectos benéficos ni inofensivos para los aventureros procedimentales: hoy en día un número muy grande de adherentes en todas las corrientes y escuelas más o menos esotéricas activas en el planeta.

LA ACTUAL «CRISIS MENOR» DENTRO DEL KALPA Y DEL ACTUAL RÉGIMEN CIVILIZATORIO

La civilización actual repite a escala un proceso de creciente deterioro moral tal cual se verificara en la humanidad atlante, solo que la destructividad de la invención tecnológica, ahora sumamente potenciada, la vileza ética generalizada y el uso abusivo y expansivo de las fuentes de energías materiales han dado paso en nuestro tiempo a una gran crisis de crisis, en la cual los sistemas ambientales se encuentran amenazados y la vida toda en el planeta atraviesa por un fase de degradación y violencia episódica, seguramente correspondiente a uno de los ciclos menores dentro del kalpa; ciclos caracterizados por la efusión del poder de los elementos sobre todas las cosas, naturales y culturales, sometiendo a la civilización actual a un estrés y jaqueo que solo conocerá de una tregua una vez concluido este cuadro periódico de explosión de las fuerzas vivas y energías referidas a los elementos todos de la naturaleza objetiva.

De alguna forma estas crisis menores se encuentran impresas en la subsconsciencia astral, en la Luz Astral, y se derraman o precipitan hacia la esfera de las causas, de la acción, nuestro mundo físico, de una forma gradual, aunque a la larga con una mayor velocidad y acumulación de efectos predadores. Tal manifestación de índole relativamente «subjetiva» de la debacle de fuerzas psíquicas remite a la existencia civilizatoria en su conjunto y a todas y a cada una de las unidades personales que le dieran forma a lo largo de los últimos milenios.

Karma muele con justicia la simiente del mal y de la indiferencia ante la Verdad, la Belleza y el Bien Supremo, procurando para todos nosotros ingentes lecciones de vida y de conducta y, quizás, preparando el terreno para el surgimiento de un reformulado Poder Crístico: la manifestación de la Conciencia más elevada desde el Señor del Logos, bajo la forma adventicia de una nueva y muy incidente Vida Avatárica.

Tarde o temprano esta conjugación de fuerzas naturales retributivas y los esfuerzos jerárquicos para moderar y modular la vida activa y moral de la familia humana darán sus frutos y con ello una nueva dispensación jerárquica tendrá lugar, seguramente poniendo en primer plano el arquetipo sensible, amoroso y sapiencial de lo Femenino Universal: Alaya, Sophia, Isis, la Divina Madre Mundial.

DESDE EL FOCO DE LA LUZ EN LA MENTE UNIVERSAL

La fuente de energía radiante de carácter kósmico, Fohat, derrama sus influencias vivificantes e iluminativas todo a lo largo del campo integrado de mentes individuales afluentes de la mente del Logos, dotando a cada partícula atómica de un núcleo o centro cardíaco e intelectual de luz y conciencia, de forma que cada íntima unidad atómica constituya la perfecta síntesis en simiente del Poder Uno y del Amor Universal; fuerzas que solo a efectos de una completa elucidación conceptual se anotan por separado aun cuando en los estados sublimes del ser, los estados «verdaderos y menos mayávicos», se verifican y vivencian como unidad plena.

En el medio humano, así el centro coronario como el centro cardíaco se encuentran ensamblados armoniosamente, en especial en los aprendices y discípulos aventajados, proporcionando una «clara realización en perspectiva y visión unitiva de la totalidad de la Vida». En forma radial, a través de los respectivos centros, solo divisibles en el contexto de la mente y mentalidad materiales, las energías holísticas de los Siete Espíritus ante el Trono, de los Poderes Espirituales inherentes a los Siete Planetas Sagrados (Siete Rayos) y de las Doce Jerarquías Cósmicas incidentes en nuestro esquema de mundos, se conjugan indisolublemente, trazando el riel o carril evolutivo propiamente dicho, la línea de fuerza y de menor resistencia para el progreso de los Jivas individuales, desde el grado de conciencia auto-restrictiva a la más amplia y luminosa conciencia total.

Esta mente corazón, perfecta síntesis de la energía de la Luz y del Amor, de la Voluntad y de la Sabiduría, brota como el árbol de luz en el eje o núcleo del ser individual/universal (Atma Buddhi), floreciendo con la solación espiritual: la adquisición de todos los grados de expansión de la conciencia, al cabo de la serie general de estados iniciáticos y despliegues del poder sideral consciente, verificados como la realización de la naturaleza de Dhyani Chohanes y de Fuerzas Colectivas de carácter constructivo, a rupa y fundacional; de nuevos esquemas vivientes y manifestaciones luminosas (fohaticas) de la ahora realizada Seidad dentro de la unificada y solo en apariencia, nominal y numerariamente, inconcebible multiplicidad universal.

LAS NUPCIAS ESPIRITUALES

Las virtudes trascendentales –prajnaparamíticas y platónicas, por ejemplo–, son las flores aromáticas de las guirnaldas sapienciales que gradualmente abonan el camino a la consustanciación de Buddhi Manas con el Ángel de la Presencia, camino a una ubérrima síntesis de la sabiduría angélica y súper humana, en el estado de hermafrodita perfecto, hacia el cierre de la Sexta o Séptima Ronda o acaso Razas Raíces. Estas primordiales nupcias celestes ensamblan las mejores cualidades de las dos evoluciones hermanas y paralelas, ángeles y hombres, pero no constituyen el único acto nupcial en las alturas akáshicas y más allá todavía.

Las bodas místicas y magnéticas entre la mónada divina y el Logos Universal dan lugar a una síntesis todavía más eficiente y significativa, llevando la conciencia desde el estado súper humano, representado por la Jerarquía Planetaria, hasta la dimensión de las más elevadas Jerarquías a rupa, mucho más allá del horizonte que es capaz de percibir y concebir la mente cerebral corriente.

Presumiblemente, la fusión nupcial se extiende a lo largo del espacio abstracto, entre el Logos Solar y las Estrellas Rajas y de estos con las Fuerzas Interiores inherentes a las constelaciones, galaxias y formaciones colectivas unificadoras de todo el experimento vivo que está teniendo lugar en el Cosmos.

Desde el nivel «epitelial» de los matrimonios o uniones por amor humanos a tales elevadas condiciones de fusión y unificación superadoras, es de recibo considerar que tales «nupcias celestes», comprendidas las polaridades graduales y radiales en todas las esferas del Ser de lo Real, son movimientos de fuerzas y frecuencias armónicas confluyendo hacia la coronación de cada período escénico, de cada kalpa, hasta la envergadura misma de un Manvantara (y Mahamanvantara).

En suma, el método de la armonización y unidad consciente y operativa de cada uno y de todos los renglones del Proyecto Cósmico, a la que se ha designado alguna vez como «nupcias espirituales», sirve de modelo primordial para realizar la integración de todas las fuerzas y poderes en nuestros vehículos séptuples y de estos con las colectivas expresiones siderales y jerárquicas propias del Poder y Elemento Uno.

SOBRE LOS DEVACHANIS «CASI» NIRVÁNICOS

Una vez que la individualidad del devachani vibra intensamente en Buddhi, atravesado el cuadro idílico de la mayor intensidad de conciencia rupa, modulada por sentimientos y pensamientos nobles y benignos en los lokas devachánicos incipientes, o estados de conciencia donde la vivencia subjetiva amplifica grandiosamente las apariencias morfológicas, energéticas y magnéticas de los seres amados, admirados y reverenciados durante la vida física que se dejó atrás, y por efecto del impulso inmanente –del Ego Espiritual– que tiende siempre hacia la Luz y a la universalidad más impersonales y despojadas, ya «a rupa», informes, entonces el devachani, el doble devachánico y la interior cualidad de conciencia trascendental propia del Yo Superior, de la mónada, alcanzan a disolver todo rastro de experiencia formal y objetiva y la oportunidad de expansión de la misma se pone en primer plano, dando lugar a una solución emancipadora entre la individualidad mental y espiritual de cada devachani singular y la universalidad expansiva de la mónada. En consecuencia, los lokas o estados superiores en esta vivencia de intensa felicidad, pierden gradualmente su nota egoísta y se encumbran en las alturas más próximas «a algo análogo a un nirvana».

Estos estados de honda subjetividad espacial y completa, dan lugar a la fuga de la línea de menor resistencia procedente de la vida dejada atrás y llevan a la mónada a una suerte de nirvana interencarnatorio, previo a la necesaria regeneración o renacimiento del alma humana y con ello a la nueva transición hacia una consiguiente y reformulada existencia mundial.

Distintos autores han diferido en algunos aspectos sobre este cenit consciente o nirvana devachánico, como instancia previa al forzoso «descenso» de la mónada, una vez más y continuadamente en el espacio tiempo, hacia el campo integrado akázico donde colectiva e individualmente rige Manas, y luego a los mundos rupa, propios de la formal experiencia o existencia causativa: de la acción personal conforme a las tendencias y karmas preliminares no suficientemente saldados ni colmados y a la colectiva y universal Rueda de la Necesidad.

LOS RUIDOS FÍSICOS, EMOCIONALES Y MENTALES

A toda la galaxia de inarmonías y estridencias rumbosas podría designárselas con el título genérico de «ruidos». En todos los casos afrentan contra la Harmonía Superior en nosotros, contra aquella cualidad virtuosa y bella característica de nuestras almas espirituales, contra la dominación de poderes de la luz, dévicos y energéticos, que mantienen en todo su esplendor a cada uno y a todos los mundos, plano a plano, a cada dimensión de conciencia y materia, culminando con nuestro artista íntimo, el divino Ángel Solar en nuestro hondo corazón superior: la perfección ética y estética más elevada –lo cual es lo mismo desde un punto de mira elevado.

Las inarmonías no se reducen a cada uno de los niveles del ser considerados por separado, tal cual fueran enunciados en el título: toda expresión de ruido en un nivel obra como eco o reflejo, como resonancia de cuanto ocurre o brota subconsciente o conscientemente en los niveles aéreos y acuíferos de nuestra entidad personal, en los niveles astral y mental. De forma que cualquier virulenta expresión de pensamiento apareja una formación psíquica y astral correspondiente, tipificada por su fealdad y desorden ingénito, que reverbera y se prolonga en los niveles descendentes de la Fuerza Una de la existencia condicionada.

Ningún pensamiento agresivo, hostil, destructivo o negador, deja de producir efectos análogos en los órdenes astral y físico, de forma que la cultura humana, generadora de los ruidos propiamente dichos, conoce su punto de mayor consolidación o saturación efectiva en el nivel material, como trasunto de una preliminar actividad del pensamiento deseo en las esferas respectivas. Estas manifestaciones espurias de nuestra naturaleza moral, suelen atraer formas de vida elemental de escasísimo nivel de conciencia, en un superlativo grado involutivo, de tal suerte que las potencias dévicas y luminosas se ven bloqueadas y postergadas en el tiempo, aunque sus efectos reparadores y restauradores del equilibrio perdido hayan de triunfar definitivamente andando el tiempo, y toda vez que las unidades humanas armonicen sus vidas en todos los terrenos donde se desenvuelve la triple personalidad.

EL PARADIGMA MONÁDICO

Cada átomo de materia y conciencia de cualquier grado del Ser, cada frecuencia de onda vibrando y haciendo coherente y unívoco el Gran Proyecto Vital, son, de acuerdo a su orden progresivo, realidades monádicas y jerárquicas.

Desde este punto de vista, todo cuanto vive en su núcleo esencial es una mónada, de allí que la totalidad inherente de la existencia sean quantas de mónadas, incontables mónadas en proceso de desenvolvimiento y los grados de realización de la realidad ideal y espiritual de las mismas necesariamente dan cuenta del orden jerárquico al que pertenecen y del cual participan estas «vidas atómicas y monádicas», cuya progresión numeraria es inimaginables, impensable para la mente humana ordinaria, y solo puede exponerse en el territorio de las ideas cifradas y ocultas bajo fórmulas algebraicas de inextricable elucidación.

Este paradigma dota a cada partícula infinitesimal de materia y conciencia y a cada universo singular dentro del Kosmos de una análoga condición latente: la que se inscribe y confluye en el campo inusitado de Maha Bindu, de la Mónada Una Universal, un símbolo de la Realidad Viviente o Jiva, cubriendo luminosamente aquel aspecto de la bóveda espacial donde deviene la progresión evolutiva toda, de acuerdo a lo insinuado al respecto por los transmisores de la Enseñanza de Sabiduría leales a la inefable Ley Oculta.

LA DEPURACIÓN KÁRMICA A FUTURO A TRAVÉS DE CUADROS DE ENFERMEDAD RECURRENTES

A fin de que los aspirantes y discípulos cuenten con equipos personales adecuados para la actividad creadora, dotados de una perfecta salud psico física, y con ello de una también saludable experiencia de conciencia y también en el campo de la manipulación y de las operaciones con la propia energía vital, Karma ofrece un cuadro crítico ocasionalmente concentrado en un número menor de encarnaciones, a fin, como se señala en el título de este breve estudio, de depurar el campo de tendencias personales y con ello dar paso a una condición hasta entonces desconocida, pero no por ello menos plausible: a saber, sucesivos futuros renacimientos con un estado de salud integral cada vez más perfecto.

Deberíamos tener presente que los cuadros de insania biológicos tienen su prototipo original en las continuas emanaciones de pensamientos deseo de carácter auto-centrado, narcisista y alejados de la práctica de la responsabilidad colectiva y del compartir amorosamente los frutos del talento y de la ejecución de proyectos y programas de gestión, ya ideales como materiales, todo a lo largo de una cadena de existencias en las cuales el candidato se centró en su propio interés y beneficio, con una grave prescindencia del bienestar y de la elevación del resto de sus hermanos en humanidad.

El concepto de «perfecta salud integral» rápidamente nos conduce a los estados de la materia y de la conciencia en que ilumina la Luz del Alma Espiritual cada aspecto, atributo y potencialidad creadora, dando paso con ello a una vida emancipada, en perspectiva, en simiente, y a la adquisición y sufragio de los votos del Bodhisattva, del renunciante. Esta característica de profundo altruismo y bondad amorosa, respecto a todas las criaturas sintientes, pero también respecto a la propia entera naturaleza del candidato, son señales inequívocas de un progresivo enaltecimiento en el campo de la salud de la triple personalidad y a una condigna superación del nivel de actualización de los poderes de la mónada, desde la tríada espiritual a la personalidad afectada a la experiencia territorial, mundial.

LA GESTIÓN DEL DOLOR FÍSICO POR MEDIO DE UNA ACRECENTADA CONCIENCIA

Es relativo, incluso discutible, el proponer que los padecimientos orgánicos puedan encontrar un punto de encaje y una forma de ser abordados por medio de una incrementada conciencia espiritual, pero conforme han enseñado los sabios de todos los tiempos y culturas, la capacidad resiliente se multiplica cuando el hombre personal previa y prudentemente se ha impregnado de elementos de la ética superior y viviente y eventualmente de vislumbres elevadas del área de influencia causal, asiento de la propia alma.

Para alguien incurso en un cuadro congestivo y doloroso agudo, estas recomendaciones asoman, a todas luces, como extemporáneas y muy poco realistas. De cualquier forma y admitiendo tales objeciones, se insiste en que de la calidad de la vida moral y mental llevada adelante por cada humana personalidad y de la capacidad de abnegación y de olvido de uno mismo —en este caso, de «la dictadura del cuerpo físico y de su respectivo elemental»—, la condición penosa se vuelve harto más soportable y hasta puede dar a luz a una nueva concepción o conocimiento respecto al inherente potencial sanador que las modalidades de vida y pensamiento más refinados reportan, toda vez que constituyen los arquetipo ideales tras los cuales se edifica el entero «edificio personal», la estructura anatómica con todos sus defectos y virtudes.

Atravesar con paciencia y la mayor cuota de amabilidad los trances dolorosos, las enfermedades y los cuadros de postración y padecimiento que episódica o crónicamente afectan nuestra vida, debido a habernos preparado previamente, mediante el ejercicio de una conciencia moral práctica y de la luz superior inspirando los sentimientos, las ideaciones y los pensamientos, no necesariamente puede ser comprendido ni aceptado a primeras por quien sufre una circunstancia ominosa puntual. Pero una vez atravesado un cuadro de vida semejante, los karmas o tendencias psico físicas aflictivas pueden ser trabajados paso a paso, mediante la apertura de una suerte de canal emocional y mental que nos comunique con el recinto causal y su atmósfera sanadora; en otras palabras, invocando en nuestra mente y corazón el poder más amable y amoroso de nuestro ser superior y de nuestro ángel guardián, tomando en cuenta que probablemente los males físicos no puedan ser evitados por completo, pero sí atenuados sus efectos dañinos y paralizadores, especialmente en lo concerniente a la aparente interrupción de un iniciado proceso de concienciación. Solo aparentemente interrumpido, ya que los males y padecimientos corporales son parte del mismo, una parte depurativa y educativa, a la que todos deberíamos tomar en cuenta en todo momento, así en tiempos de merma y declive como de restauración y complacencia.

LAS FANTASÍAS COLORIDAS Y CRÉDULAS Y LA ÉPICA DEVOCIONAL INCONSISTENTE RESPECTO A LOS MAESTROS DE SABIDURÍA Y A SU RELACIÓN CON LA HUMANIDAD

El experimento llevado a cabo por una parte muy menor de la Jerarquía Oculta a fines del siglo XIX, al darse a conocer ante un público curioso y carente de condiciones morales, intelectuales y espirituales resaltables, establecido particularmente en Occidente, dio lugar a todo tipo de fabulaciones y exageraciones respecto a una supuesta línea de conexión siempre abierta entre Ellos y las mujeres y hombres que ansían conectarlos. Esto no es y nunca fue así. El Maestro D. K. da cuenta de que los Hermanos en el cumplimiento de sus deberes, deberes que han abrazado en torno a la gestión universal de Sanat Kumara, Quien en su mente arquetípica reúne, concentra y concierta la actividad propia de todos los departamentos del quehacer jerárquico, desde que en unión con el resto de los Kumaras ocultos dio forma a los primeros esbozos de la actual Logia Blanca, estampando su diseño y su signo peculiar a cada una de las acciones que Esta ha emprendido desde siempre, que los Hermanos unifican sus conciencias con las del Arquetipo

Espiritual Mundial (S.K.) a fin de robustecer Sus planes y esto durante la mayor parte del tiempo.

Son tan gravitantes y notables los trabajos que los Hermanos tienen sobre sus espaldas, que lejos están, muy lejos, de ocuparse indiscriminadamente de todas las mujeres y hombres que hasta el hartazgo repiten sus nombres en tono de adoración devocional, que no de reverente y cauta referencia acotada a lo indispensable y sensato. El gigantesco Maya que se ha creado entre Ellos y nosotros no ha de resultar fácilmente reversible, mucho más debido a la persistente recurrencia que ensayamos en la elaboración de trabajos laudatorios y exegéticos, sino «biográficos», completamente equívocos y de alguna manera superficiales, pintorescos y en última instancia adolescentes. Siendo Fuerzas Libres del Poder Uno, exaltadas a niveles de conciencia y poder superiores, arduamente los seres humanos comunes y corrientes alcanzamos a vibrar en sus frecuencias, de tal suerte que terminamos siendo víctimas —mediúmnicas o no— de una gran cantidad de elementarios de esoteristas desencarnados, que reparten su presumida y presuntuosa sabiduría sobre toda la faz del planeta, dando lugar a más y más confusión y a profundos desacuerdos entre las diversas escuelas que adoptan como genuinos Maestro de Sabiduría y de Compasión, nada menos que a estructuras astrales en gradual proceso de deterioro y desintegración, cargadas con los productos de los estudios y cerebraciones de los respectivos Egos Espirituales en el mundo físico, antes que Estos las abandonaran tras la puerta que comunica el estado kama rupico con el estado devachánico.

LAS MÓNADAS PEREGRINAS AFECTADAS A LA EVOLUCIÓN TERRESTRE (MAYORITARIAMENTE POBLANDO LOS GLOBOS SUTILES DE NUESTRA CADENA)

Conforme a lo transmitido a lo largo de los últimos dos siglos, las mónadas peregrinas hacen su experiencia de encaje o nacimiento en planetas diversos, en cumplimiento de la ley de afinidad magnético kármica y por razones estrictamente vinculadas a la unicidad de su Dharma singular. Se aseguró, y esta afirmación fue replicada por muchos agentes jerárquicos, que nuestro mundo en sus distintos globos suma sesenta mil millones de mónadas peregrinas, naturalmente cada una de ellas en una condición única, debido fundamentalmente a su procedencia sideral, a la carrera evolutiva que están llevando adelante, a las simpatías kármicas con el Plan Maestro para nuestro Logoi y a ciertas afinidades con la vivencia grupal inherente a cada globo y en el caso del globo más material a sus civilizaciones, culturas e idiosincrasias colectivas.

Considerado por separado nuestro globo físico, en esta Cuarta Ronda, sugestivamente H. P. B., en adhesión a lo enseñado en sus Cartas por K.H., sugiere que nacen o nacieron, nacen o nacerán, encarnarán, mónadas provenientes de la evolución lunar —individualizadas en el estado humano en la Luna—, humanizadas en nuestro propio planeta y en otros mundos de nuestro esquema solar; más allá de consignar la gravitación especial que los Altos Iniciados de Venus tienen para la aceleración del proceso de humanación terrestre (auto conciencia) y para las concepción y posterior consolidación de la Jerarquía Planetaria.

Todo esto nos arroja ante el hecho de que, en alguna medida, si no todas, la inmensa mayoría de las mónadas «peregrinas» alojadas en nuestros globos, son de origen «extraterrestre». De esto podemos estar persuadidos y además del hecho necesario de que en el devenir evolutivo se transportarán a otros mundos y sistemas, eventualmente allende nuestro dilecto esquema solar.

LA TETRAKTYS PITAGÓRICA Y EL CUARTO ESTADO DE CONCIENCIA

Toda vez que la esencia pura que fluye a través de Antaskarana logra docilizar y gobernar a pleno a la mente inferior; cuando este nivel mental deja atrás la impregnación de la Luz Astral empleada para vivir y laborar en el mundo de las causas, se depura de todo residuo kámico y se retrae o refugia en Manas Superior y más específicamente se vuelve el consorte humano de la Tríada Espiritual, entonces se constituye el Sagrado Cuatro o Tetraktys, se ingresa al llamado Cuarto Sendero (H. P. B.) y análogamente el anterior cuaternario inferior se simplifica in extremis quedando reducido a un ternario extremadamente obediente y leal a las irradiaciones de la Individualidad.

Obsérvese que, también y conforme enseñara Madame Blavatsky, este grado de elevación de la conciencia representa el Cuarto Estado o Turiya, de intensa vibración y frecuencia espiritual, dando lugar a que la mónada humana en cuestión trascienda el estatus de la Cuarta Jerarquía Creadora, la Humanidad, integrándose en el «Día eres uno con Nosotros», a la Quinta Jerarquía Creadora, la Logia Planetaria.

Es algo arduo de dilucidar el determinar la condición en que muta el cuaternario inferior hasta un ternario operativo, ahora controlado a pleno por la Voluntad Espiritual, más allá de que el Iniciado, al contar con cerebro y cuerpo físicos –no obstante, el cambio de polaridades previo–, vea su libertad de acción restringida grandemente y deba discurrir por el mundo de la forma menos ostensible y sencilla posible.

LAS DECISIONES HEROICAS

Siempre y en todos los casos son positivas respuestas a las improntas del alma humana tras verdad, justicia y bondad, y se verifican a lo largo de la existencia con un carácter firme, determinado y resolutivo, debido especialmente a que es el Dharma de la monada quien entra en juego y apura un decisión radical y efectiva; impelida por el conocimiento pleno del plan de vida singular de cada unidad humana con que cuenta dicho centro divino de conciencia y poder, a la que está ligada por medio del Ego Espiritual y de la materia mental en el caso del hombre personal común y corriente, en términos generales hasta bien avanzado el Kalpa y sustanciados los méritos y progresos, las definitivas expansiones de la conciencia ética y noética requeridas para atravesar el umbral y «ponerse a resguardo en el seno materno y angélico de la Sagrada Luz Universal».

También debe ser considerada un tesoro del alma humana aquella capacidad de reconocimiento ecuánime de la importancia, más o menos relativa, de las circunstancias de adversidad, del padecimiento físico y moral y de los retos a todo nivel que, en todos los seres humanos, devienen como vivencias esporádicas o frecuentes, teniendo presente que cada una de ellas cuenta con su propia razón de ser, Tao o Dharma coyuntural, el cual ha de ser dilucidado también por la dotación de luz incidente en la personalidad, una vez que esta se ha vuelto dócil al imperativo categórico del alma individual y del espíritu universal.

EL VIAJE A TRAVÉS DE LOS «HILOS INTERIORES»

Quizás figuradamente, pero no por ello careciendo de algún grado de consistencia, el proceso que desencadena las vislumbres prácticas del conocimiento propio y pone en manos del candidato los poderes conexos con la unificación en el espíritu, se desarrolla a través de hiladuras sutiles, electromagnéticas, tales como los Nadis Ida, Pingala y Sushumna y con el tiempo, por medio de la total revelación de las fuerzas de vida y conciencia contenidas en el Sutratma, el «hilo luminoso» donde se engarzan como cuentas las existencias condicionadas de cada ser humano, realizando su propósito superior a través de tales sistemas de cuerdas y fuerzas integradas.

De forma que, a la luz de la visión interior, siendo como somos desde la perspectiva visionaria y científica ondas vibrantes interligadas en los centros de intercepción de las fuerzas concurrentes por átomos simientes (mónadas en última instancia, potencial o fácticamente), una concepción energética y sensitiva de la constitución sutil del ser humano no puede excluir estas referencias, amén de consignar que los sistemas orgánicos vivientes –en especial el nervioso y el circulatorio– fueron hilvanados de forma capilar, en hiladuras arborescentes, de allí la precisión con que los antiguos sabios de Oriente llamaban a la unidad humana «da Planta de Siete Ramas o Saptaparna»: otra variante, vitalista y sapiencial, del tema que estamos abordando en este brevísimo estudio propositivo.

LOS ARRECIFES ASTRALES

Todo cuanto se encuentra emplazado en el planeta material tiene su prototipo en el nivel etérico astral, de modo que por medio de la impresión subjetiva y sugestiva —en la estructura cognitiva de los devas inferiores— de los designios de la Hueste de la Voz, impelida por los ángeles afectados a darle curso a la inspiración del Logos en cada globo físico, se prefiguran en la materia o sustancia astral, los cuadros, diseños o fractales, a partir de los cuales luego se construirá episódicamente la amplísima forma material o biológica.

Las corrientes psíquicas que proliferan en esas esferas pueden adquirir características ciertamente riesgosas para la estabilidad de ánimo personal, incluso para la vida en ciertas áreas del planeta, debido a la correlación o correspondencia que existe entre las mismas y su contraparte terrena. De allí que formaciones como arrecifes o poderes ígneos y volcánicos radiquen inicialmente en ese grado de expresión de la forma natural, así como todo lo demás.

Todo cuanto se encuentra sobre la superficie y en el interior del planeta físico tiene su analogía primera en la luz astral, de allí que el título de este brevísimo estudio, un tanto caprichoso por cierto, evoque una formación marina, en todo afín a los vórtices y corrientes intestinas fragorosas, surcando la oleada de vida etérico astral, e influyendo decididamente sobre cuanto palpita en el planeta material. Y como esta figura ejemplar, los arrecifes, el resto de las manifestaciones de todos los Reinos físicos, cuentan con su diseño primario formativo en la sustancia proteica del nivel astral: el caldo de cultivo que vincula el Alto Proyecto Vivo con los efectos de los deseos, caprichos y pasiones, de la extendida familia del hombre animal.

LA NAVE MAESTRA

Durante los últimos decenios, en especial en Latinoamérica, todo tipo de canalizadores han informado sobre la llamada Gran Evacuación, un evento épico colectivo que incluye abducciones de naves volantes, madres y nodrizas, cubriendo los cielos del planeta y atrayendo hacia su interior a los elegidos de turno.

Esta concepción cargada de astralidad pero poderosamente simbólica, se parece por cierto a la ascensión colectiva del Corpus Christi o Ecclesia del Maestro hacia la Jerusalén Celeste, preconizada por sectas cristianas del pasado, y también, aunque quizás lateralmente, a una variante del gran tema oculto de los «rezagados», o la sección de la humanidad terrestre que no alcanzará a establecerse en el rango de aprendiz avanzado o iniciado hacia la Sexta Raza Raíz, incluso allende esta Humanidad de la Intuición, viéndose segmentada cíclicamente de sus hermanos en humanidad más evolucionados (en este caso los que se queden en el planeta Tierra).

En el cuadro informado por los médiums y canales contemporáneos, todo tipo de fuerzas alienígenas y extraterrestres, pero fundamentalmente de una variedad jerárquica, de espíritus planetarios o altos iniciados afectados al control y monitoreo espacial, habrían tomado la grave decisión, proveniente de ciertas deliberaciones de un Gran Tribunal Cósmico, de intervenir en la destinación deplorable de nuestra humanidad y de nuestro planeta.

Carl Gustav Jung escribió «sobre las cosas que se ven en el cielo», examinando su simbolismo y la significación onírica y psicológica que los mismos conllevan. Una posible interpretación para el gran tema ufológico de la Gran Evacuación, siempre diferido en sus plazos y fechas, es la subconsciencia colectiva del Mal y la necesidad inherente a la condición humana de concebir héroes o semidioses súper-humanos, por supuesto externos al hombre terrestre y acaso estelares, socorriendo a una Jerarquía Planetaria que asoma por cierto como «ineficiente e incompetente».

La ignorancia de Karma y de las modalidades en que se desarrolla la experiencia de la vida en cada globo físico en los diversos esquemas mundiales; la completa prescindencia de estudios aventajados en el campo del Esoterismo Oriental que llegara a Occidente y la necesaria fantasía innovadora propia de influencias astrales de almas desencarnadas que hacen las veces de grandes consoladores y promitentes maestros de sabiduría, sumada al crecimiento exponencial de la sensitividad psíquica y la mediumnidad moderna, bajo la forma de canalizaciones, junto con el profuso y variado simbolismo colectivo y subconsciente y auto-hipnótico que atraviesa por completo al género humano, seguramente habrán de producir otras versiones del cuadro de los «rezagados futuros» o de la ascensión grupal a los cielos.

Como una mitología popular variopinta que se va generando con el acopio de fantasías y ensueños en la materia plástica de la luz astral, la Gran Evacuación u otras formas de Apocalipsis modernos, habrán de volverse notorios y también obtener crédito y predicamento masivos. Es más sencillo el esperar que nos rescaten del mal que hemos generado y de sus consecuencias, que intentar repararlo y armonizar las fuerzas de la naturaleza en cada uno de nosotros y en el mundo. Es más fácil soñar despiertos que despertar del sueño del Apocalipsis y de la escatología propia de los estados de conciencia infernales (Talas), respecto de una crisis secular y global (Kali Yuga) imposible de resolver y por supuesto fatídicamente final.

LA SABIDURÍA DEL CORAZÓN

Es necesario explorar en el centro sutil del corazón, con una amplitud y sensibilidad mental no ordinarias, para dar con la fuente calórica y amorosa que radica en él. Cuando las impresiones mentales perceptivas atraviesan la bruma de los pensamientos deseo corrientes y penetran la valla etérica, los residuos kámicos afectando al órgano físico respectivo, un halo de dicha, el aura de la dicha y del gozo amoroso invaden la conciencia mental y la transforman, la subliman a grados cada vez más amables, fulgentes y entrañables.

La experiencia del fuego en el corazón, tantas veces atribuida casi con exclusividad a ejercitaciones tántrico esotéricas, se revela ante la conciencia madre o raíz –el mismo fuego solar y eléctrico–, y la vida adquiere una latitud sabia y temperada; la calma, el contento y la ecuanimidad vienen del corazón que se ha elevado, la analogía superior del centro cardíaco, establecida en el eje de la mente intuitiva.

Con estas experiencias de conjunto, sumatorias, de asimilación con la totalidad de la Vida, llega para el individuo, necesariamente, alguna variedad de experiencias probatorias y cuadros desafiantes, por medio de los cuales se habrá de afirmar en sus percepciones místicas y en su comprensión ampliada de la Vida, o de lo contrario retrocederá para fijar su interés en el campo disquisitivo e intelectual, el reto más común con el cual se enfrenta cíclicamente el aspirante nativo de la Quinta Raza Raíz.

LAS MARCAS MENTALES

Las ideas fijas y obsesivas, las creencias rígidas, los saltos subconscientes en el flujo de la memoria, los tics o compulsiones cerebro intelectuales, estampan marcas o formaciones en el aura mental y constituyen en muchos casos los límites auto-generados de la expansión cognitiva y perceptiva.

Tales marcas o formas enquistadas en el campo manásico son multitud en la vida de las personas deshabituadas a la práctica de alguna variedad de control consciente sobre la vida de pensamientos y en los enfermos neurológicos o mentales, de allí que, debido al desuso y la subsiguiente atrofia de aptitudes propias del principio pensante, estas huellas del descuido y desinterés racional –de índole fundamentalmente sensorio emocional– registren las vaguedades y desviaciones de la persona humana vulgar y en las personas afectadas por alguna insania; en el primer caso todavía se trata de unidades humanas implicadas en la experiencia simiente en el mundo de los sentidos biológicos y astrales traducida como experimentación ciega de orden material.

EL DESPRECIO PRÁCTICO POR LA VIDA TERRENA

No sobrestimar la lucha por la vida, por la subsistencia y la satisfacción de los deseos, compulsiones y caprichos auto-interesados, es un primer requisito inexcusable para la vida del aprendiz, no del mismo modo para el hombre personal que no cultiva ningún interés en la experiencia expansiva de la vida mayor, de la vida del alma. Concediéndole a las masas humanas el empleo de la ambición y hasta de la codicia para adquirir la impresión de pertenencia segura a la familia humana y al mundo, los estudiantes prácticos de la Enseñanza Magistral están obligados por sus votos a renunciar a semejante tracción de la voluntad de deseos.

Pocos son los aspirantes occidentales —y aun los orientales en nuestros tiempos— capaces de discernir entre las prácticas concurrentes a la vida oculta y los oficios, profesiones y ejercicios mercantiles. A tal extremo ha llegado la pauperización de la conciencia moral que la sabiduría de las edades se vende liberalmente y se comercia junto con la enseñanza de prácticas de toda índole, las más de las veces provistos de un conocimiento experimental incipiente, incompleto y absolutamente desvirtuado.

Renunciar a la riqueza material y a los bienes de este mundo, conforme enseñara el Señor Maha Chohan en su momento, es el distintivo del aprendiz escuadrado con la naturaleza prístina del Ser Superior en su corazón, nos parezca un exceso idealista o una declaración de principios completamente impracticable o no.

SKANDHAS Y DHARMAS

Existe la creencia entre las mentes modernas que a lo largo de cada existencia se viven variados Dharmas personales, con prescindencia del Dharma Fundamental como mónadas y de la concepción antigua de que cada hombre personal cuenta con una destinación o Dharma de esa naturaleza, siempre conforme al Plan de cada vida particular, ensamblado perfectamente con el Dharma Universal.

Usualmente se confunden las puestas en actividad de viejos skandhas, hasta entonces latentes, en distintos tiempos y lugares, y la secuela de cambios materiales, morales, mentales y relacionales que ello trae aparejado, con «nuevos Dharmas personales en una misma existencia».

El hecho es que cada episodio de expansión o contracción de vida, infortunio o ventaja, desgracia o bienestar, tiene su propia razón de ser, su propio Tao o Dharma. Pero de ninguna forma tales eventos son idénticos al Dharma que en el nacimiento el Ego Espiritual asumió para la inmediata encarnación.

La verdadera realización del propósito singular de cada existencia, antaño asimilada al rol o función individual y societaria de cada alma encarnada, también ha de ser descubierto por la mente humana inquisitiva. Esta asunción del Dharma personal tiene una cierta conexión con la «voz interior o vocación», aunque no sea exactamente la misma cosa, tal cual enseñara claramente el Adepto D. K.

El Dharma Espiritual a cierta altura de la sucesión de renacimientos se asimila más y más con el Dharma personal de las nuevas existencias, y, gracias a ello, el hombre inferior se pone en comunicación directa con la línea de propósito que lo liga al Hombre Interno: al centro de conciencia y poder de pertenencia, según se nos enseña situado por fuera de la humana constitución.

SKANDHAS PSICO FÍSICOS, HÁBITOS ACENDRADOS Y LOS ELEMENTALES FÍSICO Y ASTRAL

A medida que las tendencias ancestrales se ponen activas, resurgen y se consolidan en la habitualidad del hombre personal, tales hábitos acendrados conforman la vida de deseos y pensamientos instintivos propia de los elementales físico y astral, su singular tipología y las inclinaciones subconscientes, mecánicas, automáticas, que se ponen de manifiesto cada día y en todo momento en el curso de cada existencia condicionada.

Intentar modificar hábitos y por extensión comenzar a trabajar para morigerar y atenuar el efecto de tales tendencias, se confronta generalmente con la rigidez constitutiva y los miedos propios de las vidas elementales: miedo a cualquier tipo de cambios o de pequeñas muertes, cierres de etapas, rituales de pasaje.

De tal forma estas naturalezas subconscientes instintivas y semi-inteligentes gravitan en nuestras vidas a través de los hábitos más acendrados, que muchas variedades de afecciones psicológicas y biológicas tienen como base de expresión la corriente de influencias elementales de cada órgano y del conjunto de tales vidas menores en el cuerpo biológico, siempre desde el punto de vista de la porción de conciencia pranica que absorben y de la cual se valen para mantenerse con vida y perpetuar su peculiar forma de dominación o control forzoso, en especial sobre la existencia material y los actos automáticos del hombre corriente, considerado fundamentalmente bajo su aspecto animal.

SKANDHAS COLECTIVAS Y PLANETARIAS

Las etnias, naciones, Subrazas y Razas Raíces alistadas detrás de designios y consignas mayores (Dharmas), a lo largo de su existencia civilizatoria adquieren y fortalecen tendencias de carácter negativo y afirmativo que suelen extenderse por todo el tiempo en que perdura cada una de esas fases del experimento planetario colectivo. En el mismo sentido que la resonancia mórfica entre las almas grupo de las familias animales y vegetales, el alma común de la Humanidad también logra superar hábitos e inclinaciones grupales a lo largo del proceso completo de manifestación, de forma que cada vez que unidades y colectivos de aspirantes y discípulos progresan efectivamente en el sendero de creciente concienciación, la totalidad de la vida humana y no humana se ve empujada hacia la trascendencia y la superación de las viejas tendencias más rígidas y anulatorias.

En el mismo sentido, los sistemas de mundo estelares, las constelaciones, nebulosas y las galaxias, a la par de las naturalezas humanas personales, arrastran tendencias colectivas a lo largo del evo y con el surgimiento de grandes turbulencias y crisis masivas siderales, las skandhas propios de ese orden se ven afectados y superados o atenuados progresivamente.

Ya individual como colectivamente, en el micro y el macrocosmos, la regla dorada del renacimiento a partir del haz de tendencias idiosincráticas singulares es parte de la Ley Oculta que gobierna la manifestación periódica de la vida.

Cuanto renace en cada kalpa activo o en cada nacimiento individual es, desde el punto de vista fenoménico, la complejidad de tendencias emergentes del inmediato y mediato pasado de las unidades vivas, y su cambio o transmutación obedece a las mismas reglas, de auto-gestión consciente y consciente trascendencia de las causas de la aflicción individuales y masivas: las llamadas Kleshas en la Filosofía de la Yoga.

LA PRÁCTICA DEL PROPÓSITO SUPERIOR RESPECTO DEL DHARMA PERSONAL Y MONÁDICO

El despliegue de la voluntad del alma espiritual, del propósito dharmico, fluye a través de la corriente armoniosa del pensamiento autónomo, meditativo y auto-conclusivo, puesto de manifiesto una vez que la unidad humana —el aprendiz y el discípulo—, conquistan, por medio de este poder real y superior, toda la gama de manifestaciones de la mente material, del campo de deseos y del nivel de su actividad en el mundo.

Monitoreados por el núcleo o eje de la vida propia del Ego Superior, por el poder amoroso y magnético espiritual, los estudiantes aplicados a la puesta en práctica de la inspiración fundante de la vida, de las improntas noéticas emanadas del radiante Logos microcósmico, de la mónada, finalmente comienzan «la verdadera vida» en el reino de las sombras y de la muerte; el reino de la paralización de las facultades internas: este mundo.

Con tamaño cambio trascendental en el punto de mira y en la canalización de la fuerza impelente e inmanente —siempre de orden espiritual, intelectual y vital—, que ensaya el aprendiz aventajado una vez superada la etapa disquisitiva y meramente razonadora, la obra alquímica tiene lugar grado por grado y las modificaciones regeneradoras del discurrir de las distintas fases de la energía fohatica en la íntegra constitución del ser personal, dan paso a la condición radiante o radiactiva de la mente espiritual (Manas Taijasa – Buddhi Taijasa).

Sin estas manifestaciones de la Presencia de los Fuegos Divinos en la naturaleza humana (de la voluntad cenital), de los Fuegos mágico magnéticos propios del alma más elevada, la voluntad personal y mundana continuará enmarcando los cabildeos corrientes, en el mejor de los casos los estudios y deliberaciones individuales y grupales de los aspirantes, sin que se verifique de forma concisa y bellamente plástica la ejercitación de la voluntad creadora y productiva, absolutamente característica del Reino de las Almas y del inherente Principio Logoico Padre Madre, así individual como universal.

LA PRÁCTICA DE LA ATENCIÓN MENTAL ANTE CUADROS DE MIEDO, DE ANGUSTIA Y DEPRESIÓN

Son muchas las personas que se inician en la práctica de la atención plena, sobre la respiración natural y el foco de conciencia en las sensaciones, en condiciones realmente adversas: esto significa que a lo largo de sus vidas previas le han transferido poder a su elemental físico y de deseos, y en la actual testean mecánicamente una y otra vez, en el medio de las prácticas atencionales, la característica positiva o negativa, amable o displacentera, de las sensaciones y de la información global ofrecida por los sentidos biológicos, estimulando con ello a la vida semi-inteligente de los órganos del cuerpo físico y su integración como vida elemental unitaria, al extremo de que en el curso de las prácticas básicas sienten miedo, un miedo incomprensible habitualmente, angustia o depresión. Tales sentimientos son connaturales a la vida elemental que mantiene dependiente y cautiva a la mente del practicante, como se dijo, debido a viejos hábitos y tendencias que en la presente existencia se han vuelto a poner de manifiesto.

La recomendación esencial para estos cuadros, ciertamente mortificantes y dolorosos, es desarrollar prioritariamente la atención plena en el nivel mental y progresivamente establecer el foco de interés en el Ser Superior en el nivel más elevado hasta el que se pueda sublimar o elevar la conciencia presente.

Las lecturas inspiradas, el silencio y la reflexión acerca de las mismas, ayudan a retirarle poder a las vidas elementales psico físicas y con ello a sanarse y obtener una gradual liberación del miedo, de la angustia, de la depresión y de toda la gama de sentimientos y sensaciones negativas, como se dijo típicas de las vidas elementales atraídas y prefiguradas por ancestrales inclinaciones y tendencias de ánimo (skandhas) por cierto turbiamente escatológicas y realmente mórbidas.

LAS RUINAS MORALES Y LA CIENCIA
DE LA RECONSTRUCCIÓN

Somos muchas las personas que en el curso de nuestra existencia nos hemos dejado llevar de las narices por todo tipo de pasiones y compulsiones, atrofiando la capacidad perceptiva y cognitiva superior propia de la mente espiritual. Por espacios de tiempo inter-aislados nuestra existencia discurrió en el más absoluto descuido y entregados a la experiencia sensorial placentera, incluso a expensas del sufrimiento y la anulación de otros seres, humanos y no humanos. De alguna forma, la estructura moral emocional que nos compenetra se vio afectada, exaltada negativamente, dejando secuelas obstinadas en nuestra aura de salud y probablemente desagradables consecuencias en la condición biológica, secuelas que en muchos casos se han de sobrellevar por el resto de la encarnación.

Como en el arte japonés de la reparación o de la reconstrucción de lo echado a perder, la capacidad resiliente y regeneradora de cada uno de los principios y cuerpos del ser humano puede entrar en escena, fundamentado esto en una profunda y genuina contrición y decisión enérgica de reparar y reformar nuestra entera naturaleza, comenzando por la esfera más afligida, la moral específicamente, a partir de una entrega completa a la vital conciencia radiante procedente del corazón superior. Esta entrega a las modalidades sensibles y luminosas del centro madre de la conciencia noética, supone un trabajo de previa concienciación y limpieza y expurgación áurica y mental, todo lo cual se asemeja a la reparación o reconstrucción de una pieza doméstica rota, echada a perder. En las Tradiciones Orientales tales piezas ejemplarizantes suelen ocupar un sitial de destaque en la residencia filial y sirven para documentar la vivencia continua de las crisis de probación por las que todos habremos de atravesar, una vez que el dique de rigidez moral y mental ceda y con ello un turbión de las aguas astrales antes estancadas se precipite sobre nuestra conciencia, generalmente de forma aflictiva, ya que no solo es necesario purgarnos voluntaria e integralmente sino aprender del dolor y de la enfermedad, las vías sapienciales a las que apela la Vida para que el hombre personal aprenda las lecciones de necesaria humildad, transparente virtud y temperada austeridad sostenida en una fluida y sencilla moderación existencial.

LOS HÁBITOS INVOLUNTARIOS Y LAS VIDAS
DE LOS ELEMENTOS

Concebidos, construidos, fijados en la corriente pranica y luego integrados a los átomos permanentes existencia a existencia, las rutinas automáticas y los hábitos irreflexivos alimentan y potencian, también vida a vida, a las formas elementales que a su manera coordinan y custodian la unidad biológica y psíquica que como seres superiores tenemos a nuestro cuidado en tanto almas espirituales independientes de la corporeidad material y en carácter de crédito de la Vida manifiesta.

La dificultad usualmente grande en cambiar o eliminar hábitos radica en buena medida en que con el tiempo conforman la estructura o malla psíquica y magnética tras la cual se parapetan tales vidas de los elementos, inclinando la balanza de las voliciones personales, decisiones y caprichos, a veces compulsiones –en el peor de los casos–, con un norte auto-satisfactorio, el cual se puede describir como «pervivir y postergar la enfermedad y la muerte física indefinidamente». En el primer cuadro reseñado, para las vidas elementales los males orgánicos evocan rápidamente la cancelación de su movilidad y la facilidad con la cual controlan y moldean las circunstancias vitales del hombre personal corriente, amén de evocar una cierta amenaza para su integridad; integridad que conforme sea el daño en cada órgano físico naturalmente se ve afectada, disminuida, magreada.

Como una furtiva técnica de autodefensa propia de estas formas vivas de los reinos elementales, el desarrollo de automatismos y de hábitos irreflexivos conforma la batería de «recursos indirectos» con que cuentan para pervivir el mayor tiempo posible en modalidad automática a plena satisfacción, es decir, custodiando y organizando la expresión material de los seres humanos sin recibir evidencias de resistencia alguna por parte de estos en la inmensa mayoría de los casos.

LAS ESTRELLAS-RAJAS Y LOS DISCÍPULOS O CHELAS SIDERALES

Esta breve ponencia es puramente especulativa. Si bien apela al método analógico alejandrino de alguna forma, adolece de la directa comprobación necesaria, propia del trabajo avezado dentro de las Ciencias Ocultas, de allí que se recomiende examinarla sin tomar partido, como una mera probabilidad.

La Tradición Cishimaláyica enseña la existencia de Soles o Estrellas Rajas, en un sentido aparentemente análogo al de los Buddhas Rajas en el campo de los Iniciados Solares. Naturalmente estos espíritus planetarios superiores o Dhyan Chohanes agrupan o conciertan tras su singular esfera de acción, organizan y administran las fuerzas espirituales post-humanas que se remiten a su influencia, en carácter de magisterio elevado trascendiendo nuestra evolución pensante.

Como se dijo, análogamente, los Soles o Estrellas Rajas parecen contar con las condiciones electromagnéticas y el ascendente de poder necesarios para ejercer su magisterio superior sobre los grupos de chelas siderales, en términos relativos otros soles y estrellas y quizás planetas en un estado evolutivo muy avanzado y precursor.

En todas las esferas de la Realidad Manifestada, Maestros y Discípulos consagran la actividad común a expandir sus potencialidades y siempre de forma grupal, expansiva y mancomunada. Mucho más visible sería este cuadro en el terreno de las luminarias más perfeccionadas y su séquito o hueste de referencia, receptora de las improntas de ciencia espacial/sapiencial más refinada y completa, de orden incomprensible para nosotros, tal y como semejantes estados de la materia y de la conciencia comportan.

De tal suerte que las nebulosas, núcleos estelares y constelaciones constituirían las Altas Logias Espaciales, en la franja fohática donde «se asientan» poderosos Lokas o Estados de la Materia y de la Conciencia esencialmente espirituales y el ámbito donde tendría lugar «la instrucción, las pruebas y las expansiones de conciencia y de poder universales» perfectamente armonizados con el amplio nivel de desarrollo alcanzado por tales Vidas Mayores Cósmicas.

EL RECONOCIMIENTO DE LAS PRIMERAS CAUSAS BIOLÓGICAS, MORALES Y MENTALES EN TANTO BASE DEL AUTOCONOCIMIENTO

Por medio de la observación minimalista, aunque no obsesiva, del funcionamiento y dinámica de cada una de las esferas de la personalidad, es posible seguir el hilo de Ariadna y penetrar en el laberinto que es, desde el punto de vista de su compleja significación, el conocimiento de la propia ancestralidad y de las causas formativas de nuestra íntegra naturaleza. Rastrear piadosa y meditativamente en nuestra historia de salud biológica, en nuestros antecedentes familiares, fenotípicos, en la razón causativa de nuestro nombre, lugar y fecha de nacimiento; ahondar en la forma que moral y emocionalmente nos conducimos a lo largo de la existencia que llevamos vivida y dar con la calidad de las vidas elementales y de deseos que conforman semejante esfera crítica y al menos activa y parcialmente ingresar en la zona roja de la mente inconsciente y su constante emanación de formas vivas de pensamiento y deseo, todo ello alimentado por un estudio penetrante y experimental de las enseñanzas de la Tradición Unánime, nos acerca al inicial reconocimiento de la línea filiatoria individual, al Sutratma y a las últimas cuentas o vidas del Ego renacido una y otra vez.

Con delicada y sutil actitud contemplativa y habiendo sido instruidos respecto a las variedades de las vidas subconscientes de orden elemental y a la escala de vidas supraconscientes que velan nuestro paso por el planeta físico —las vidas angélicas y los seres de luz—, como bases sustantivas para realizar una composición de lugar más o menos aproximada a los hechos; con todo ello y bajo la supervisión del Ser Superior, de nuestro Ego Espiritual, es posible dar comienzo al trabajo introspectivo y al reconocimiento de las causas primeras de cuanto somos en la actualidad y con ello acercarnos a la percepción original de nuestra naturaleza psíquica y acaso todavía más allá.

Sin estos movimientos y trabajos preliminares de índole inquisitiva y exploratoria, pues el ser humano muy lejos está de comenzar, al menos tentativamente, a ganar terreno, paso a paso, vida tras vida, en el sendero del autoconocimiento; sendero que se enriquece y amplía, se abre de par en par, en la misma medida que acompañemos la búsqueda de luz sobre el Sí mismo individual y universal, con justas acciones, nobles palabras y rectos pensamientos: la verdadera piedra de toque de este proceso, obra mayor o faena alquímica, conforme fuera enseñado por los Instructores espirituales desde el principio de los tiempos históricos y no históricos que atañen a la experiencia humana individual y grupal.

ALGUNAS CONSIDERACIONES SOBRE LAS IMPRESIONES DEL TIEMPO Y LOS ESTADOS DE LA MENTE

Existe una coincidente posición entre los estudiantes de los últimos siglos acerca de que la impresión perceptiva del tiempo tiene asaz que ver con el campo psicológico y fundamentalmente con los estados de la mente –deseos, pensamientos.

En términos generales cuando un hombre personal se aproxima al final de sus días, en la ancianidad e incluso en la edad madura, la conciencia liminar del fin del proceso vital detona una respuesta auto-defensiva que resulta por demás ineficiente para exorcizar el miedo al final de los tiempos: acelera la percepción e impresión del devenir en el tiempo material y psicológico.

En el mismo sentido y colectivamente hablando, cuando una civilización se aproxima a una fase cataclísmica, la humanidad en su conjunto vive en su mente común un efecto que se podría llamar «dramatización y acortamiento de la percepción e impresión de la sucesión de eventos encadenados en la duración mundana».

Por contraposición en Edades Luminosas, Edades de Plata y Oro, la proximidad de la ventura colectiva produciría el efecto contrario, dilatando la impresión del tiempo mundano y quizás contribuyendo también a que la edad biológica se prolongue como natural consecuencia.

Los estados de la mente, conforme a esta visión, acortan o dilatan la experiencia del tiempo y únicamente cuando la mente personal es reemplazada plenamente por la conciencia en sí, la noción de la duración temporaria llega a su fin y el foco vital cognitivo se establece en el eterno Ahora y con toda seguridad la existencia espiritual relumbra en su condición de inmortalidad y de continuidad despierta —o continuidad de conciencia— allende todo círculo no se pasa personal, grupal y material.

EL CONOCIMIENTO DE NUESTRA CONSTITUCIÓN SEPTENARIA, DE TODAS LAS HÉPTADAS UNIVERSALES Y LA VÍA MEDITATIVA

Desde el punto de vista de los agentes jerárquicos operativos en los últimos siglos, no basta con intentar desarrollarse mediante ejercicios de observación, atencionalidad, concentración y afines, para alcanzar a modificar drásticamente la corriente vital conformada por tendencias de todo orden, que constituyen la raíz del atascamiento en el mundo y de la experiencia recurrente de Samsara.

Los Instructores han mencionado repetidamente que es necesario conocer en detalle cada aspecto de nuestra séptuple constitución y las correspondencias con los esquemas de mundos, rondas, razas raíces (subrazas, etc.), globos de una cadena, y los correlativos estados de conciencia del ser implicados en el proceso dual de manifestación/concienciación en el que estamos embarcados.

Obsérvese que, a menos que se cuente con la supervisión y adiestramiento continuados de un Instructor avezado, Iniciado en la Ciencia Sagrada, pues cualquier intento regular por penetrar el cerco de los anillos no se pasa mentales y espirituales, solo alcanzará a rozar la atmósfera peculiar de cada nivel de materia y conciencia –lo cual es en cierta forma plausible–, pero no los integrará al continuo energético, que es fundamentalmente una unidad humana, de forma definitiva ni mucho menos plena.

El estudio experimental de la humana y sideral constitución, al mismo tiempo y contemplando todas las influencias, los Fuegos manifiestos en cada grado del Ser, con ayuda del aludido Instructor de cabeza, solo esto puede ofrecer seguridades respecto al progreso de índole meditativo y contemplativo, a despecho de las creencias reduccionistas y simplificadoras que campean en el mundo y no precisamente debido a mala voluntad u objetivos incorrectos.

Incluso es objetable desde el punto de vista de los agentes jerárquicos más rigurosos el considerar los ejercicios meditativos y atencionales que se ofrecen con total liberalidad en libros, vídeos y ponencias, como completamente asépticos e inocentes. En primer lugar, puesto que ante la presencia de desaliños éticos y energéticos en las personalidades de quienes los practican, tales ejercicios, en apariencia inocentes, pueden dar lugar a severos daños y desarreglos prácticamente incurables por toda la encarnación. En segundo lugar, porque dada la complejidad del principio kámico y del principio pensante, pocos son los practicantes que consiguen transmutar, sublimar por completo tales naturalezas, y con ello establecerse con seguridad y estabilidad en los órdenes de la conciencia superior, donde finalmente uno se encuentra a salvaguarda de todas las tentaciones y riesgos que de alguna manera este breve estudio también intenta referenciar.

LA CIENCIA DE LOS CICLOS

Ligar experimental y conscientemente los principios que nos constituyen, los globos de la cadena a la cual pertenecemos y los centros de energía que nos instrumentan, y comenzar por considerarlos a todos ellos orbitando en derredor del átomo nous o simiente, del Bindu en el corazón individual, solar y sideral, parece ser, a partir de las necesarias conclusiones a las que un estudiante podría arribar tras el examen de las declaraciones de Adeptos e Iniciados en las Ciencias Ocultas durante los pasados siglos, uno de los trabajos o hazañas superiores para la vida del alma humana.

Todo indica que la Ciencia de los Ciclos, de las Eras y de los Episodios de la Manifestación o Emanación de la Vida Universal, junto con el reconocimiento de los tempos meditativos rítmicos en los cuales se encuentra subsumida el alma humana, examinados de forma práctica y acabadamente incorporados en todos los órdenes septenarios a los cuales remitimos en el curso de cada existencia, contribuiría a descubrir y luego manifestar los poderes del alma espiritual, de la mónada humana, a niveles para nosotros inconcebibles, pero del todo indispensables para quien aspira rigurosamente a recorrer el empinado sendero que conduce al Adeptado.

Al Chohan K.H. le llevó muchos años solares el compenetrarse de estos misterios y secretos de la Naturaleza Escondida, antes de que su progreso fuera una realidad cierta e incontrastable. Esta mención a un hecho descripto por el propio Adepto debería alentarnos a iniciarnos en estos estudios y observaciones de campo más temprano que tarde, no debido a algún tipo de ambición espiritual, sino porque los mismos llevan paciente y regularmente al alma humana a reconocerse como un poder universal en las altas esferas del Ser y de una forma ordenada y armónica, tal cual la «Ciencia de los Ciclos» parece insinuar por su peculiar naturaleza inherente.

H. P. B., LA DIVINA MADRE Y EL CONOCIMIENTO JERÁRQUICO TAL CUAL LE FUE TRANSMITIDO

Escribió Jorge Adoum en su momento:

En una carta sin fecha a su hermana menor Vera, escrita probablemente alrededor de 1876, Helena P. Blavatsky describió cómo la propia diosa Isis inspiró su primer libro. Puesto que el pasaje es de gran importancia para lo que seguirá, debe citarse aquí con cierto detalle.

«Bueno, Vera, me creas o no, algo milagroso me está pasando. No te puedes imaginar el encantado mundo de fotos y visiones que vivo. Estoy escribiendo Isis, no escribiendo, sino copiando y dibujando lo que Ella personalmente me muestra. Por mi palabra, a veces me parece que la antigua diosa de la belleza en persona me lleva a través de todos los países de los siglos pasados que tengo que describir. Me siento con los ojos abiertos y a todas las apariencias veo y escucho todo lo real y real a mi alrededor, y sin embargo, al mismo tiempo veo y escucho lo que escribo. Me siento sin aliento; tengo miedo de hacer el más mínimo movimiento por miedo a que el hechizo se rompa. Poco a poco siglo tras siglo, imagen tras imagen, flotan fuera de la distancia y pasan delante de mí como si en un panorama mágico y mientras tanto los junto en mi mente, encajando en épocas y fechas, y sé seguro que no puede haber errores. Razas y naciones, países y ciudades, que durante mucho tiempo han desaparecido en la oscuridad del pasado prehistórico, emergen y luego desaparecen, dando lugar a otros; y luego me dicen las fechas consecutivas. La antigüedad hoy abre paso a periodos históricos; me explican los mitos con eventos y personas que realmente han existido, y cada evento que es en absoluto notable, cada página recién convertida de este libro de la vida de muchos colores, se impresiona en mi cerebro con exactitud fotográfica».

Simplemente Isis no es otra que una hipóstasis de la Fuerza Femenina Una, llamado comúnmente «La Divina Madre,» instructora de todos los Buddhas y Boddhisatvas pasados, actuales y futuros.

La descripción del procedimiento mágico visionario al que semejante Poder Universal apelara con Helena, parece ilustrar el modus operandi de la Diosa, amén de la fijación en el continuo mental de la Iniciada, de esas notas de la Sabiduría de las Edades, perfectamente registradas en los Anales Ocultos que custodia la Jerarquía Planetaria y que nuestra Campeona comunicó parcial, aunque frondosamente, al somnoliento mundo de su época y también de nuestro tiempo.

EL INTELECTO EN TANTO «FACULTAD MANUAL»

La corriente evolutiva intelectual naturalmente se ha de ensamblar con aquella de carácter biológico en todo momento y esto por mucho tiempo. Ha de tenerse en cuenta que el principio mental es por excelencia el sentido que coordina y administra la información y las líneas de fuerza suscitadora provenientes de las avenidas de los sentidos psico físicos. Por natural consecuencia, la capacidad de razonamiento y reflexión o más propiamente de exploración experimental para la que está capacitado este principio intelectual, con el tiempo y especialmente una vez que la Humanidad se encuentre establecida en la Quinta Ronda, habrá de manifestarse como una destreza artesanal, como un oficio para el cual «las manos mentales» habrán de obrar prodigios con la materia plástica de los niveles para ese entonces activos y manifestados de la héptada de principios y vehículos individuales y planetarios.

Más allá de estas cavilaciones, urge poner a trabajar al intelecto en el despliegue de su potencial discernidor, creador y productivo –con el tiempo, «reproductivo». En las actuales generaciones de la Cuarta Raza Raíz, el camino expedito para la obra viva es el desarrollo de la habilidad manipuladora de las fuerzas naturales, de las sustancias vivas bajo el umbral de la conciencia, que el aprendiz aventajado puede realizar con ayuda de la razón y del pensamiento autónomo, auto-conclusivo e inspirado, penetrantemente creador.

Para ello las Catorce Reglas de la Magia Blanca expuestas por el Adepto D. K. y ya suficientemente extendidas y conocidas entre los estudiantes mundiales, andando el tiempo habrán de servir de método eficiente para la emanación de nuevos paradigmas emanados de la Conciencia Raíz a través de su afluente individual, el propio aprendiz o, expresado de otra forma, la mente creativa y operativa (Manas) armonizada con el Centro de Propósito Superior, la Mente Mayor (Mahat).

Conectado con Nuestro Señor el Logos, con tal Mente Universal, el trabajo antes señalado de formación, irradiación y alistamiento de formas mentales con la intrínseca capacidad de impresionar mentes y cerebros que vibren en afinidad magnética con aquel Propósito Colectivo de Elevación Espiritual y Redención Natural, propio del Programa Evolutivo, este poder constructivo y profundamente reformador, una vez masificado y puesto en práctica por las unidades pensantes más desarrolladas, habrá de convertirse precozmente en un trabajo propio de esas «manos intelectuales y reflexivas», puestas al servicio de la corriente evolucionaria de índole espiritual, la más refinada y luminosa de índole superior, en conjunción con la propiamente biológica, ligada positivamente a la redención de la conciencia apresada en los núcleos atómicos de las formas y vehículos pertenecientes a la familia humana y a las colectividades de todos los Reinos Naturales.

En las próximas Rondas, despojada la familia pensante del lastre del cuerpo carnal, positivamente transmutado y sintetizado en facultades inmanentes del intelecto, este se transformará a su turno en manos, brazos y piernas subjetivos con que valerse para continuar construyendo el camino, el sendero de poder y conciencia crecientes, para el cual el designio maestro de Nuestro Señor el Logos Solar ha sembrado las bases foháticas y monádicas desde antes de puesta en marcha la versátil Rueda de la Buena Ley.

LOS MIL ROSTROS EN EL ESPEJO

Los antiguos, alcanzado un estado de trance o transición de la conciencia tras rigurosas prácticas ventilatorias y de concentración de la mente, siempre elevando el foco de la conciencia presente por encima de la conexión con el mundo material, en algunos casos apelaban a un método que hoy en día nos resulta asaz curioso, para visualizar los rostros de sus vidas anteriores. A saber, con la fijeza plena de la mirada en la superficie de un espejo previamente magnetizado o elaborado con ayuda de especiales aleaciones en el azogue y en la pasta vítrea, contemplaban prolongadamente el propio rostro en el cristal permitiendo que la mente razonadora se retirara gradualmente hacia las zonas meta-conscientes, donde hipotéticamente discurre el «hilo o collar de las cuentas vivas», de las encarnaciones, el Sutratma.

Mediante el poder de le evocación rondando persistentemente toda la extensión de la práctica, espontáneamente afloraban las variadas caras que el individuo enseñó al mundo en una serie determinada de nacimientos. Ante los ojos y la luz interna de los mismos, que proviene, de acuerdo a Platón y a múltiples esoteristas, de la misma alma humana, los diversos rostros de una cadena de vidas previas afloraban y eran registrados por el práctico, conociéndose cómo el tipo facial ideal —presente radicalmente en el Augoeides— se muestra por debajo de las variadas apariencias y rasgos temporarios, revelando para la mente escondida mil aspectos subrayables del numeroso temperamento y tipo humano experimentado en el devenir.

Para los más diestros este repaso ayudaba en cierta medida a prever las características de la próxima existencia y a reconocer las etnias, sub-razas y grupos humanos a los que se perteneció en el pasado.

Se describe la práctica de una forma poco detallada y no se intenta estimular al lector a que la realice, puesto que una buena cantidad de seres humanos perderían el control y el equilibrio mental apelando a estos ejercicios que algunos operadores antiguos realizaban bajo condiciones seguras y estrictas, conociendo previamente los secretos de lo que muy luego se conoció como Frenología, así como suficientes elementos de la tipología astrológica más especializada.

DEVACHAN Y AVITCHI

De acuerdo a como hacia fines del siglo XIX los Instructores cis-himaláyicos abordaran el vasto tema de los dos estados de conciencia inter-encarnatorios prominentemente subjetivos (Devachan-Avitchi), conforme haya sido la vida moral –y espiritual– del hombre personal en la última existencia, así cada alma humana (Manas) derivará tras la muerte física hacia alguno de tales estados, de intenso gozo y compensación virtuosa o de cruento sufrimiento y anulación moral.

La presencialidad de los mismos de cualquier forma parece diferir especialmente en que no habría dudas de que el segundo puede ser experimentado durante la existencia material también, incluyendo cuadros de intenso padecimiento, enfermedad y revulsiva ofuscación mental.

De alguna forma la descripción que Ellos produjeran del estado devachánico bien se podría corresponder con la arcaica noción de que «los Siete Lokas (espirituales) están en todo emplazamiento con marcas subjetivas», lo cual supone que en el globo físico existirían locaciones, naciones y grupos humanos, amén de individualidades, atravesando estados de conciencia subjetivos afiliados a los mismos. La hipótesis original supone que Devachan también sería una modalidad de Loka eminentemente mental, caracterizado por una profunda dicha y regodeo en cierto modo narcisista, aunque siempre motorizado por las secuencias de vida marcadamente morales experimentadas al cabo de la precedente encarnación.

En consecuencia, si las cosas funcionaran de la forma antes conceptualizada, Devachan también podría ser vivenciado anticipadamente por el hombre personal sobre la superficie del planeta material, en el mismo sentido que Avitchi (en el campo de los Talas basales), de hecho emerja como una condición o estado subjetivo probablemente muy extendido sobre la faz de la Tierra: uno o algunos de los Siete Talas de negación espiritual, expuestos, presentes en determinadas regiones, naciones y grupos humanos, estigmatizados kármicamente por el demérito y por una necesaria e infausta sumersión en un cuadro de intenso y prolongado dolor psico físico y de severa oscuridad moral y espiritual.

LA TRANSFERENCIA O VIAJE DE PEREGRINACIÓN DE LAS MÓNADAS HUMANAS ENTRE GLOBOS DE UNA MISMA CADENA Y CON DIRECCIÓN A OTRA CADENA PLANETARIA

Conforme a lo enseñado por algunos Adeptos orientales respecto a las rutas de la peregrinación que siguen las mónadas humanas en el evo, en principio las hay de dos naturalezas. A saber:

-La transferencia de los centros monádicos desde un globo a otro dentro de una misma cadena, de un planeta en todos los grados de materialidad y de conciencia. Esta peregrinación acotada, supone también un primer anillo no se pasa para los centros monádicos, quienes, como todas las vidas y principios subjetivos obtienen su poder de trascender tales límites formativos dentro de la estructura programada por el Logos para todo sistema mundial.

-La transferencia o peregrinación de los centros monádicos por fuera de una misma cadena de pertenencia temporal a una externa cadena, a otro mundo planetario, en cualquiera de sus siete grados de materialidad. Este último tránsito o peregrinación, parece suponer una ruptura del anillo no se pasa de pertenencia relativamente fija, conectado con un planeta y sus siete globos, y una superación evolutiva apreciable que forzaría la transferencia o desplazamiento de los centros monádicos a otra Evolución planetaria singular.

No existe literatura sobre la transferencia o peregrinación allende cada sistema solar, pero se trata de una hipótesis que en todo caso reforzaría la condición de mónadas «peregrinas» respecto a tales centros de conciencia y poder universales.

A la primera variedad de corta peregrinación monádica, los Adeptos orientales le llamaron «Ronda interna».

A la segunda variedad, «Ronda externa».

Hipotéticamente, la contextura, el tipo evolutivo y la naturaleza de cada Ronda tiene que ver con alguno o algunos de los Siete Grupos de Hombres Planetarios o Internos, otra definición de las mónadas humanas.

El velo de misterio y secrecía que cubre estos tópicos ocultos ha sido examinado por connotados estudiosos e investigadores a lo largo de los dos últimos siglos, pero tal parece que esta investigación está todavía en ciernes y no se ha agotado en absoluto.

VACÍO Y CONSTRUCCIÓN

Vacío alude a la espacialidad abstracta y en cierto sentido al Maha-Akasha (y Svabhavat), en tanto principio único homogéneo y no diferenciado, sin embargo, dotado de una potencialidad inherente plástica y «elástica».

Construcción, alude a la reconstrucción cíclica, tras una oscuración relativa o mayor, tras un Pralaya, de la Manifestación así informe como dotada de forma, de las vidas universales colectivas y particulares (atómicas) que pueblan el Cosmos.

En su Tao Te King, Lao Tze enseña que todas las formas están penetradas y se construyen o precipitan a partir y en torno al Vacío. De allí que, en cierto sentido, Pralaya y la Manifestación periódica del elemento único ahora diferenciado (Manvantara), convivan en el espacio tiempo y se muevan al ritmo fundamental del universo.

Todo el tiempo ocurren instantes de cancelación o silenciamiento y momentos de expresión o exposición; el ritmo de la existencia cósmica se enciende y apaga de instante e instante, como pulsar original fuertemente magnetizador de todas las formas vivientes, de los mundos y de las esencias noumenales coronando la Realidad Primera y Última.

En consonancia con esta realidad matemática y cíclica, lo Vacío y la Reconstrucción Rítmica conviven íntimamente y se suceden aparentemente a lo largo y ancho de toda la duración, en nuestras diversas naturalezas personales e individuales, motorizando la puesta en actividad y el alterno silenciamiento de cada uno y de todos los principios humanos y no humanos por medio de los cuales se manifiesta lo que es.

ALGO SOBRE LAS CONSTELACIONES «OSCURAS»

La literatura esotérica producida a este respecto hasta el presente, abre las puertas a la indagación «introyectiva» o meditativa y por cierto a la especulación analógica. Hoy sabemos de la existencia de una materia oscura, tal cual la designaran los astrofísicos, y también algo sobre los agujeros negros y otras formas vivas, aparentemente ligadas a los llamados Centro y Puntos Laya en el Kosmos (H. P. Blavatsky), verdaderos caldos de cultivo y semilleros del nacimiento de nuevos sistemas mundiales, junto con los viajeros o peregrinos espaciales, los cuerpos errantes y cometarios, de alguna manera ligados los unos a los otros.

Una hipótesis primera que puede surgir en la mente del investigador es que esta materia constelar oscura tiene que ver con los Siete Talas Infernales, o, para evitar emanar hipótesis ligeras y temerarias, una condición vital preliminar a la de nuestros Siete Lokas o Estados de la Mente Universal de carácter Espiritual.

Esta llana y mera suposición deja abiertas las puertas a la posible existencia de un orden macrocósmico involutivo séptuple, a nivel de vidas siderales, seguramente previo a una consolidación propiamente evolutiva, ya en el reino de la Manifestación plena de los principios y esferas análogas a la realidad que todos conocemos, en la que vivimos y tenemos nuestro ser.

Tal parece que la vida elemental, confinada a tres dimensiones «personales o principios de atributo» en la versión universal en la que moramos, en el vasto Kosmos se explayara a lo largo de Siete diversos Planos Constelares –las constelaciones oscuras– en ciertas Grandes Existencias Involutivas, palpitando a lo largo de la Manifestación más básica de la vida; acaso las puertas de acceso, o primigenios «estados moleculares» de un futuro Manvantara en que prevalecen los Siete Estados de la Mente y de la Materia que llamamos Lokas: algo semejante a la primera manifestación de la Vida fohática o primordial, del elemento primitivo y único, hecho del que no se enseñara nada demasiado en concreto –quizás sí sugestiva y veladamente, más allá de nuestra limitada capacidad perceptiva– durante la apertura de las líneas de la nueva Instrucción oculta, dada a lo largo de los dos siglos precedentes.

La materia oscura antes citada, se aproxima a la concepción oculta clásica de «un grado de polaridad negativa de expresión del Elemento Único», de la sustancia de carácter subconsciente o fundamentalmente elemental y preparatoria de nuevos órdenes evolucionarios, más afines a la expresión que tan parcialmente conocemos en los Lokas o estados de la materia y de la mente que habitamos y siempre e inefablemente bajo el régimen de las Leyes Superiores rigiendo la totalidad de sistemas de mundos; Leyes y Principios que, aunque más no sea tentativamente, admitimos, reconocemos y vigilamos en el discurrir de nuestra existencia mundial.

LAS RESTRICCIONES DE LA LEY OCULTA RESPECTO A LA LECTURA DEL PENSAMIENTO

Se trata de una práctica absolutamente excluida del modus operandi de aquel discípulo o Iniciado menor que está haciendo sus primeras armas con la aplicación de destrezas particulares del psiquismo científico y superior —educado, enseñado por la Jerarquía Oculta a sus pupilos— y que, por consiguiente, y simultáneamente, se las está viendo con los residuos astrales y mentales más arraigados en su aura de salud.

Específicamente, la lectura del pensamiento y la transferencia de ideas o paradigmas mentales está confinada a los Altos Iniciados y Adeptos, quienes con toda seguridad han trascendido por completo la fase probatoria y depurativa de la naturaleza moral, psíquica y mental, y han adquirido por sí mismos y en aplicación de la más refinada pureza personal y férrea voluntad superior, la cualidad virtuosa y la inocencia de intenciones necesarias, sin las cuales todo ejercicio exploratorio de la vida de otros seres humanos sería lisa y llanamente un acto de hechicería, de vulgar magia operativa inescrupulosa.

A lo largo de la serie de cartas y enseñanzas ofrecidas por Adeptos en las Ciencias Ocultas los siglos pasados, queda en evidencia que de forma casi espontánea Estos se ponen en contacto con la atmósfera mental de individuos a quienes observan y vigilan, debido a la vida que llevan, en el afán de inspirarlos y potenciarlos, una vez que descubren en ellos cualidades nobles o particularmente notables. Dentro de esta actividad exploratoria, se entiende que el leer el pensamiento o reconocer la actividad escritural de tales individuos en prominente probación, no resulta una acción oscuramente auto-interesada ni invasora; de otra forma, que tales recursos se vuelven indispensables a la hora de desplegar el ejercicio de la actividad magistral de Aquellos, mucho más sabiendo de las grandes contrariedades operativas que padecen viviendo entre los seres humanos corrientes y en consecuencia severamente afectados por la contaminante limitación propia del mundo material.

LA «INTELIGENCIA» DE LOS SENTIDOS Y EL EXTRAVÍO DE LA CONCIENCIA PRESENTE

En la salud como en la enfermedad, nuestros sentidos biológicos suelen ejercer una suerte de «control y limitación operativa» respecto a nuestras acciones y actividades racionales regulares. Las avenidas que conducen desde ellos hasta el equipo cerebro mental están forjadas por corrientes psíquicas, pránicas, y en especial por surcos de vidas elementales asaz gravitantes a la hora de evaluar en qué medida somos conscientes de nosotros mismos y contamos con dominio propio al cabo de cada jornada de nuestra vida.

Usualmente las sensaciones nos llevan de las narices, al menos en la fase evolutiva incipiente, fase que se prolonga más allá de iniciados los estudios y descubierta la inclinación moral y espiritual que nos es inherente respecto a una existencia más armoniosa y trascendental. Incluso los aspirantes más despiertos se las ven, como factor probatorio, con la enfermedad y sus sensaciones dolorosas, con la pena y la aflicción, propias de la naturaleza astral integrada al equipo sensorial. De ello se puede inferir que solo en la medida que el practicante ensaye con una conciencia más amplia en el nivel de las sensaciones, a fin de reconocerlas detenidamente y de esa forma lograr inhibir la dictadura de las mismas sobre el hombre personal, arduamente podrá avanzarse en el sendero de episódica ganancia cognitiva y noética.

Los sentidos dictan la mayor parte de los sentimientos y apreciaciones intelectuales y nos mantienen anclados al mundo material, potencialmente por todo el tiempo que insume cada encarnación; de allí la necesidad de prestarles atención, coordinarlos voluntariamente y sostener la antorcha de la luz espiritual a lo largo de cada momento del día, ya sin la inhibición de la corriente de alientos pránicos y de fuegos menores que los recorren todo a lo largo de su extensión expresiva.

La conciencia simiente, es decir, la conciencia en sí y de sí inicial, que nace tras la prospección voluntaria del campo sensorio emocional, sirve a todas luces para plantar los cimientos de una existencia armonizada con el Orden Supremo, con la Energía Creadora que soporta el peso de los errores y conflictos habituales en nosotros y que, apuntando más alto, nos orienta e imanta hacia las esferas donde «el aire es puro y prístino y la Llama quema sin producir humo, solo cálida Luz y la refinada impronta de la próxima emancipación».

EL ENGREIMIENTO, LA VANIDAD Y EL «PERSONALISMO» ACTIVOS EN LOS PRINCIPIOS SUPERIORES

El mal suele estar enquistado en la raíz más honda de la constitución humana, contra todo lo que habitualmente se pueda pensar sobre este particular. Madame Blavatsky insistió en que se hace necesario arrancar de raíz la «planta del mal», una vez que arraigó y creció en el corazón humano, antes de pretender realizar cualquier avance efectivo en el campo del progreso oculto.

La aparente incongruente observación contenida en el título de esta corta pieza indagatoria, fue expresada por el Adepto K.H. respecto a un «chela» o discípulo occidental en probación, como un obstáculo insalvable para su aceptación como discípulo al cobijo de la Luz del Maestro. Esta expresión nos fuerza a discernir entre tales principios superiores y la verdadera individualidad espiritual, por otra parte, de naturaleza noética, que llamamos el Ego Espiritual o el Yo Superior: la forma en que se exhibe la mónada humana en el hombre personal por medio de su rayo, afectando cada uno y la totalidad de los tres principios superiores, Atma, Buddhi y Manas.

Está dicho que el aspirante, discípulo y futuro iniciado no es en absoluto el hombre personal, sino el alma humana (Manas), de allí que esta tenga que progresar arduamente a través del Sendero de Evolución Incipiente y más tarde Acelerada, con rumbo a la absorción unitiva propia de los cuadros de auto-realización o reintegración a la fuente monádica, en el curso del proceso iniciático jerárquico o regular y mayor.

De alguna forma, diferenciar entre los principios o vehículos más sutiles del alma espiritual, de la monada humana, y esta misma, activa y manifiesta por medio de las «máscaras esplendas» que componen la Tríada Superior, particularmente de Manas, nos ha de ayudar a comprender con más claridad el problema de la soberbia y el engreimiento, de la ceguera e ignorancia relativas al potencial nivel superior de la séptuple constitución humana; y este problema, tan actual en un gran número de unidades humanas, de aprendices vocacionales, no es, en absoluto, algo de desdeñar.

EL SUEÑO MAYÁVICO Y EL YO PERSONAL

Un vector ajustado a la persistencia de Maya sobre todos los movimientos vitales, se presenta en el ensueño en condición vigílica y en el sueño nocturno.

En el primer caso, la habitual desviación de la corriente viva del presente, un flujo de fuerza fohática, vitalizante y creadora, que constituye el esqueleto y la infra y super estructura de la totalidad de la manifestación, grado por grado y en todos los niveles del Ser; desviación impulsada por la condición hipnótica subconsciente que le da forma al yo material y a sus estados inducidos de orden inferior (Talas), gobierna una buena parte del día a día de la mayor parte de las unidades humanas.

La ausencia de hábitos atencionales y reflexivos y el fragante desinterés por el conocimiento de las causas primeras de las cosas y de la propia naturaleza, abre las puertas a la divagación emocional recurrente –mente deseo–, y ofusca la razón superior, anulando cualquier impresión llegada de lo alto, de la esfera amorosa e intuitiva.

Bajo estas condiciones, la pauperización de los estados de conciencia personales es tan grande que es posible ajustar la comprensión del fenómeno mayávico a la condición de duermevela y soñación vigílica casi permanente en la que abandonamos el rastro luminoso de nuestra conciencia solar de una forma mecánica y fatal.

En el caso de la mayor parte de los sueños nocturnos, la fisiología semi-inteligente de los órganos del cuerpo, los apetitos, pasiones y compulsiones emocionales y rara vez ciertos atisbos de energía mental, se ocupan de consolidar la regencia de Maya sobre la conciencia del hombre inferior.

Es posible determinar que, con escasas excepciones en la existencia completa del ser humano corriente, la mayor parte del tiempo su mente se encuentra subsumida por debajo del umbral de la conciencia presente, de modo que esta fase anodina y esclavizadora de Maya, acompaña a buena parte de la familia humana al cabo de largas cadenas de nacimientos y de muertes. Siempre el yo psicológico «hechiza» al alma humana, la distrae, la bloquea y la inhibe de alcanzar un cierto grado de control sobre la mudable personalidad que tiene adscripta, encarnación a encarnación. A menos que aquella se torne dócil en alguna oportunidad y se sienta conmovida por los empujes o improntas del alma, dando lugar a una vía atencional y reflexiva marcadas y ascendentes, gravitando más tiempo y día a día, pues la restauración del puente que conecta la base preconsciente con la altura supra-consciente no tiene lugar, hundiendo a los individuos y a la familia humana, a las naciones y al planeta entero, en estados casi infernales, sino completamente oscuros y auto-destructivos, tal cual se visualiza con toda nitidez en la era actual.

LA REPERCUSIÓN INDIVIDUAL Y PLANETARIA DE LOS GRANDES EVENTOS CÓSMICOS

En esencia, humana, planetaria y sideralmente, los eventos que tienen lugar en cualquiera de esas demarcaciones de la mente, retroalimentan al conjunto y operan pequeñas o mayores alteraciones al fluido magnético colectivo, emanación fenoménica de «la quintaesencia radiactiva de Fohat», el Eros Kósmico propiciador de la vida organizada y análogamente del abandono del Ciclo de inmersión en las Formas, al cierre de cada episodio manvantárico, así individual como colectivamente hablando.

Nada que ocurra en los lindes de la galaxia es ajeno a la vida planetaria; es más, de la repercusión colectiva del proceso global y particular de cada evolución en cada uno y en los diversos mundos ligados desde la Raíz, se infiere que no hay tal cosa como la diversificación, que este pseudo conocimiento fenoménico carece de la Luz y de la integridad de la experiencia contemplativa cúlmine, en la cual todo se reconcilia y se fusiona en la unicidad y la conciencia del devoto absorto en el radio de la inspiración eléctrico espiritual, se extrapola hacia la Fuerza Viva y Unitiva General, demostrándose final y palmariamente que todos los seres humanos, unidades angélicas y seres de luz, procedemos y remitimos a la misma Fuente y que trabajamos más o menos coaligadamente, según las necesidades expresas del Programa Evolutivo y de las condiciones alcanzadas por cada una de estas evoluciones.

En el mismo sentido, los Principios y Leyes Colectivos y Universales, podrían ser considerados como Vidas Inconcebibles evolucionando a un ritmo temperado y extremadamente sutil, pero vidas colectivas y genéricas al fin, que entrejuegan su expresión con las corrientes magnéticas vivientes (angélicas), y las fuerzas irradiantes en cada sistema de Vida, personal, individual y sideral.

Tales Principios y Leyes Universales son la argamasa o el factor equis de la Manifestación y su intervención providencial faculta e instrumenta a cada nivel evolucionario a interactuar en directa concurrencia y coparticipación con el conjunto en cada episodio o instancia vital: cada movimiento, rítmico o irregular, cada cambio o transformación fundante de nuevos estados para-espirituales o para-materiales (Lokas y Talas).

En idéntico sentido, la colectividad de Poderes y Fuerzas Cósmicos anidan en el corazón humano y se ven replicados a nivel atómico (monádico), en cada campo o esfera, en cada nivel de la constitución completa humana y súper-humana, incidiendo en el entramado de órganos y sistemas físicos, emocionales, mentales y espirituales; de forma que las sensaciones e intelecciones que se educen en el fuero particular del ser humano son réplicas o resonancias de cuanto en la colectividad de magnitudes siderales tiene lugar, y del mismo modo y en la medida que la unidad pensante (Manas) haya adquirido conciencia iniciática –humana y solar–, desde este centro individual el reflejo o réplica afecta necesariamente al conjunto. Solo en las Altas Iniciaciones se reconoce esta urdimbre maravillosa e imponderable y cómo grado por grado y a lo largo de toda la serie de existencias en la forma y también como esencias divinas (monádicas) hemos labrado en comunidad con el resto de las criaturas el Dharma o Destino Común Universal.

LA LUZ APARENTE Y LA LUZ TRASCENDENTE: LA DUAL POTENCIALIDAD DE LOS ECLIPSES

Los eclipses, las lunas nuevas, las sombras siderales, la filtración de las radiaciones lumínicas provocadas por los cuerpos errantes y las agregaciones de polvo cósmico bajo condiciones críticas y cíclicas, en los hechos ocultan la luz aparente, la luz puramente mayávica, y aunque pueden inducir condiciones magras y eventos críticos entre los seres humanos y las naciones corrientes, sirven de velo y parapeto psíquico colectivo para la persistente influencia del magnetismo y del «color sombrío» o residual concerniente a la forma y a la vida ensombrecida y cautiva dentro de ella.

Por contraste, durante esos eventos generales en los cielos, a las mentes de los aspirantes y prácticos en la corriente meditativa, por oposición con aquellas naturalezas vulgares, se les abren las puertas de acceso de la percepción superior, una vez que la Luz Ideal no se ve ofuscada ni afectada por la masa y atracción gravitacional y las fuerzas oscuras de los saturados cuerpos siderales.

Análogamente, ciertas entidades psíquicas y unidades humanas inherentemente conectadas con la naturaleza sombría o Talas, se ven desplazadas en su influencia sobre el colectivo mundial, como se dijo abriendo el camino en los niveles atómicos —akáshicos—, para que quienes se ejercitan en la percepción y penetración de la

Luz Ideal, puedan hacer ciertos progresos evolutivos en el campo de la conciencia en sí, de la conciencia universal.

Nunca debería perderse de vista tales correspondencias entre cuerpos espaciales inerciales y entidades humanas y no humanas que vibran de consuno con ellos y que suelen arruinar hasta cierto punto buena parte de los empeños que los servidores mundiales realizan a diario para traer orden, armonía y verosimilitud al esfuerzo jerárquico por impulsar el despertar de la familia humana y la elevación, coordinada con el Programa Evolutivo Matriz, de las más diversas unidades vivas en todo tiempo y lugar.

LA TRANSMISIÓN MISTÉRICA EN TANTO ENSEÑANZA E ILUMINACIÓN PROCEDENTE DEL ALMA DEL MUNDO

Vimos con anterioridad cómo Helena Petrovna Blavatsky atribuyó a la Diosa Isis la transmisión de al menos una parte de la enseñanza de los Misterios Sagrados y también cómo el Alma del Mundo, Alaya, Sophia, la Divina Madre, fue en última instancia quien produjo una visión iluminativa en la Iniciada y una comunicación interna capaz de elevar el nivel de la conciencia del canal o instrumento seleccionado como cáliz comunicante de las Verdades de las Edades.

En otros textos la Dama de los Velos menciona cómo por medio de sueños inspirados por la propia alma, visiones extáticas y cuadros de clariaudiencia y clarividencia superior, alcanzó a ser partícipe de la Sabiduría Madre Universal, propia del Alma del Mundo.

Otras Iniciadas y en particular dado que este modelo inspirador se reprodujo los siglos precedentes entre mujeres, dieron cuenta de tal Luz Cenital y Amorosa, Ardiente (Agni Yoga), que las ganó y las demudó por completo en su condición consciente, al dar paso a la transmisión iniciática de estas sagradas cifras del Conocimiento Superior, registrado y administrado para la Humanidad entera por la Jerarquía de los Santos Seres.

Dada la naturaleza revolucionaria de esta modalidad de comunicación por unificación magnética con la Fuente de inspiración más elevada, la Sabiduría Misma, el efecto es de índole catártico y dichoso y la gama de vida sapiencial que viene con ello hace que quien está siendo iniciado en los Misterios, a la par se encuentre incurso en un proceso, fragmentario o más amplio, de índole iluminativa. De allí que la Divina Madre, como Instructora e Iniciadora general de todos los sabios del pasado, del presente y del porvenir, opere cambios en la naturaleza mental y espiritual del «aprendiz operativo», dando lugar a una experiencia de iluminación y transmutación amorosa por los Fuegos Eléctrico Espirituales que se ponen de manifiesto y se despliegan todo a lo largo del campo integrado de centros de fuerza ultra-personales y esferas de conciencia, también ensamblados armoniosamente con la constitución psico física del individuo escogido, considerado también desde el plano personal.

LAS JERARQUÍAS ESPIRITUALES EN TANTO HÁLITOS DE FUEGO

Las fuerzas o poderes trascendentales, de los cuales dieran cuenta parcialmente Helena Petrovna Blavatsky y el Maestro D.K., entre otros, y dado lo que les estaba permitido nombrar, son esencialmente palpitaciones o hálitos de la familia de los Fuegos más elevados; algunos de ellos han recibido la designación de «Llamas», más allá del hecho de que, hasta donde nuestra conciencia humana puede alcanzar a sondear, todas las huestes jerárquicas son la expresión más rampante y estupenda del Fuego Cósmico, de la raíz energética o fohática primordial.

Si este pronunciamiento tuviera algún valor, pues se hace necesario por ejemplo el idear la existencia de fuerzas y poderes allende la condición táttvica ígnea, participando de la sustancia absolutamente informe y pleni-potente de los estratos más refinados e impersonales del Ser de lo Real.

Desde que los distintos movimientos o pulsiones vitales jerárquicas son llameantes vidas –simbólica o figuradamente hablando– y en los hechos están expresando con esa naturaleza la realidad consciente y sensible más profunda y estupenda, aquellas jerarquías niveladas en el nivel de Manas tienen asaz que ver con nuestra evolución y la del esquema de mundos al que pertenecemos, y son la progenie energética de las Vidas Mayores, de los Fuegos Colectivos y Unitivos de los cuales se suspende toda la cíclica manifestación manvantárica de la Vida evolutiva y organizada.

En tanto «hálitos o alientos del Fuego Cósmico», su ritmo moviente y la secuencia con la cual impresionan la vida consciente sideral o se retraen a su esfera radiante episódicamente, tiene asaz que ver con el encendimiento y control voluntario de los llamados «fuegos menores» en las unidades personales, en la medida que en esta concepción, quizás primitiva, todas las expresiones naturales, expuestas o escondidas, son rítmicas y llameantes manifestaciones del Fuego Primordial, del Eros Cósmico, del Divino Fohat.

LA VIVENCIA DEL AMOR CONSCIENTE Y LAS CÉLULAS DEL CEREBRO Y DEL CORAZÓN

La forma más elevada y progresada del Yoga Real, el Agni Yoga, supone la transmutación plena de la esencia de la vivencia amorosa, tocando, activando el aspecto radiactivo de Primer Rayo, así en las más calificadas células del cerebro como del corazón.

La intensidad con la cual la expansión de la experiencia de unidad y redención de la Vida toda asalta a la conciencia y a los vehículos afluentes y recipientes de ella, según se nos enseña debe ser adecuadamente canalizada hacia la «corona corazón», asiento aéreo del centro eléctrico espiritual cardíaco, en línea abierta con la contraparte etérica, causal e intuitiva de semejante poder latente y mayor.

La inteligencia solar, propia de las alturas en el Saptaparna, en el Hombre Integral, así akázica como biológica, impresiona parejamente sobre los tipos celulares cerebrales y cardíacos y sus analogías orgánicas en todos los niveles de la humana constitución, de tal forma que la corriente o Rayo Átmico sobreviene desde tal nivel ideal y esencial y recorre todas las líneas de fuego comunicando renglón por renglón toda la estructura radiante del practicante de las artes meditativas.

Cualquiera que haya experimentado regular y ampliamente con la concienciación activa, reconoce el esplendor, los esplendores «que emanan de la cabeza cuando despierta» y las luces y colores activos que dan cuenta de las aperturas y despertares de áreas definidas, situadas todas ellas por encima del pecho en la esfera sutil y ejerciendo una influencia palmaria en todo el orden de la conciencia, considerada en su aspecto noético y en su faz amorosa y redentora.

Los átomos simientes del cerebro y del corazón y todas las resonancias elevadas que se les asocian en la humana constitución, interactúan a una toda vez que el practicante se sumerge en la absorción meditativa y florece como un rayo singular del Ego Espiritual —en cada práctica y durante todo el circuito de rutinas— dando lugar a un progresivo avance en el campo de la virtual iluminación del alma: de la mente causal y del radiante principio compasivo y amoroso radicado en el seno de la conciencia superior.

SINÓPTICAMENTE:
ASANAS Y PRANAYAMA OBJETIVOS Y SUBJETIVOS

Amén de la posturas y métodos ventilatorios implantados en las tradiciones múltiples planetarias elaboradas para lograr el desenvolvimiento de la vida/conciencia, desde el más remoto pasado y especialmente extendidas a partir de la difusión de las técnicas de Yoga Físico y Mental, es necesario proponer que, amén de las reconocidas modalidades fisiológicas diseñadas para instrumentar ambas prácticas, ha de tenerse en cuenta la completa constitución humana, sus principios y vehículos, así como el hecho de que Prana (Jiva) vibra y está activo en todos los grados o dimensiones de la Realidad, con y sin forma.

A partir de esta ponencia se vuelve más comprensible dar lugar a una explicación fácilmente demostrable respecto a tales variables objetivas y subjetivas para la aplicación de los recursos metodológicos aquí estudiados.

A saber:

- La postura corporal tiene que ver con las llamadas «asanas físicas».

- La facultad o potencia ventilatoria tiene que ver con la modalidad de pranayama físico y psíquico de dominio público.

-La actitud mental o postura interior con la cual se predispone el practicante para la práctica de los ejercicios de meditación se asimila a alguna variedad de «asana mental o interior».

-La elevación o interiorización del foco de la conciencia del yogui y el nivel de la realidad manifestada donde está operando conscientemente, tiene que ver con el ritmo de prana (Jiva) que fluye a través de la virtual situación de la conciencia y de sus vehículos operativos en el campo de la realidad manifestada.

Estas insinuaciones de alguna forma ya fueron sugeridas por agentes de la Jerarquía Planetaria, por chelas laicos y aceptados, a lo largo de los últimos tiempos, particularmente cuando tuviera lugar la última gran dispensación de la enseñanza, hacia fines del siglo XIX; dispensación que fuera reciclada y reformulada el siglo pasado y que en la actualidad avanza en esa misma dirección renovadora, para beneficio de las mentes más inquisitivas y abiertas dentro del grueso de los estudiantes y aprendices mundiales.

Este ensayo de se terminó de componer en la
Biblioteca de la Tradición Hermética
el día 22 de septiembre de 2024,
Equinoccio de Otoño.